Günter Schobesberger

Selbst Dachgeschoß und Keller ausbauen

2. aktualisierte Auflage

Compact Verlag

Alle Anleitungen wurden
sorgfältig erprobt – eine
Haftung kann dennoch
nicht übernommen werden.
Umschlaggestaltung: Inga Koch
Printed in Germany
ISBN 3-8174-2205-9

Ein Wort zuvor

Selbermachen – ein Hobby, das heute für Millionen zur sinnvollen Freizeitbeschäftigung geworden ist. Ob es sich nun um die gemietete Altbauwohnung oder um die eigenen vier Wände handelt, mit etwas Geschick und einer fachmännischen Anleitung lassen sich oft verblüffende Ergebnisse erzielen: bei kleineren Reparaturen, beim Renovieren und Verschönern und beim Um- und Ausbauen.

Und Selbermachen bringt Spaß. Freude an der eigenen Arbeit, deren Ergebnis man Tag für Tag sehen und ,,bewundern" kann; es spart Geld, mit dem sich lang gehegte Wünsche erfüllen lassen, und es macht unabhängig von Handwerkern, auf die man womöglich wochenlang vergeblich gewartet hat.

Fachgeschäft, Heimwerker- und Baumärkte versorgen den Hobby-Handwerker mit allen Werkzeugen und Materialien, die er braucht. Doch richtiges Werkzeug und Begeisterung allein reichen nicht aus. Unerläßlich sind eine gründliche Vorbereitung und Fachkenntnisse, wie eine Arbeit durchzuführen und was dabei zu beachten ist.

COMPACT PRAXIS **Selbst Dachgeschoß und Keller ausbauen** zeigt Ihnen, wie man's macht. Mit wertvollen Tips und Tricks, die sich in der Praxis tausendfach bewährt haben. Jeder Arbeitsgang wird ausführlich Schritt für Schritt gezeigt und in Bild und Text erläutert. Übersichtliche Symbole zeigen auf einen Blick, mit welchem Schwierigkeitsgrad, welchem Kraft- und Zeitaufwand Sie bei jedem Arbeitsgang rechnen müssen, welche Werkzeuge Sie brauchen und wieviel Geld Sie durch Ihre eigene Arbeit einsparen können.

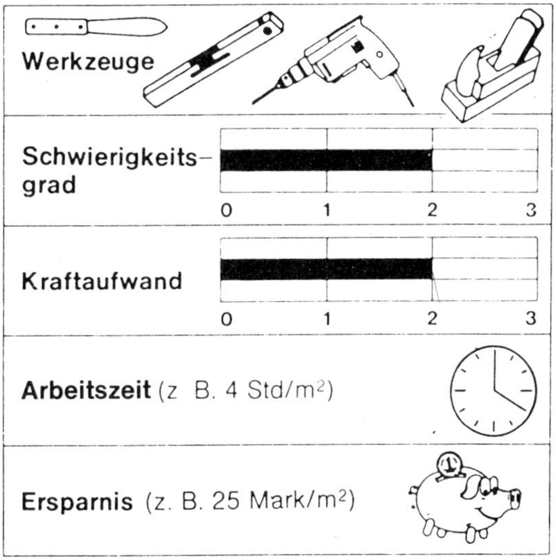

Und so stufen Sie sich richtig ein:

Schwierigkeitsgrad 1 – Arbeiten, die auch der Ungeübte ausführen kann. Es ist nur geringes handwerkliches Geschick erforderlich.

Schwierigkeitsgrad 2 – Arbeiten, die einige Übung im Umgang mit Werkzeug und Material erfordern. Es ist handwerklich durchschnittliches Geschick notwendig.

Schwierigkeitsgrad 3 – Arbeiten, die fachmännische Übung erfordern. Überdurchschnittliches Geschick ist erforderlich.

Kraftaufwand 1 – leichte Arbeit, die jeder erledigen kann.

Kraftaufwand 2 – Arbeiten, die eine gewisse körperliche Kraft voraussetzen.

Kraftwand 3 – Arbeiten für kräftige Heimwerker, die keine,,Knochenarbeit" scheuen.

Inhaltsverzeichnis

Inhalt

Porosierter Tonziegel mit Lochung

Gasbeton-Planblock

Blockziegel – Ton

Bausteine, Handelsformen und Formate

Unter dem Oberbegriff „Mauersteine" sind alle Arten von natürlichen und künstlichen Bausteinen zusammengefaßt, die zur Herstellung von Mauerwerk verwendet werden. Dazu gehören Mauerziegel, Betonsteine, Hohlblocksteine, Kalksandsteine, Hüttensteine, Lehmsteine, Holzzement- und Korksteine.
Die Mauerziegel für den Innenausbau bestehen aus Ton, Lehm, tonigen Massen mit und ohne Zuschlagstoffe wie Sand, Ziegelmehl, Asche usw. Sie werden bei ca. 800 bis 1000 °C gebrannt. Nach Art und Form unterscheidet man Vollziegel und Lochziegel. Ausgezeichnet bewährt haben sich wegen ihrer leichten Verarbeitung die porosierten Lochziegel. Im Handel findet man die verschiedensten Formate und Bauteile aus diesem Material: z. B. U-Schalen, Deckenkopfziegel, Ziegelstürze, Brüstungsziegel und Dämmblöcke.
Zu der großen Mauersteingruppe der kalk- und zementgebundenen Steine gehören z. B. Vollwärmeblöcke, die aus porosierten Tonkügelchen mit Zement als Bindemittel bestehen, sowie Bimsbetonsteine in vielen verschiedenen Formaten. Ferner zählen zu dieser Gruppe die Gasbetonbausteine, die aus Sand, Kalk und Wasser bestehen. In ihnen sind zahllose Luftporen eingeschlossen, die für hervorragende bautechnische und -physikalische Eigenschaften sorgen. Sie sind äußerst leicht zu ver- und bearbeiten. Aus Gasbeton gibt es auch Stürze, Deckenplatten und Dämmplatten. Ferner sind der oben genannten Gruppe auch Kalksandsteine zuzuordnen. Sie werden aus Kalk und kieselsäurehaltigen Zuschlägen hergestellt und unter Dampfdruck gehärtet. Kalksandsteine werden beim Bau von tragenden wie nichttragenden Wänden verwendet.

Porosierter Tonziegel mit Stoßfugenverzahnung

Blockziegel mit Mörteltaschen

Kalksandsteinblock ungelocht

Warmmauerziegel aus Ton

Mauern mit Warmmauerziegel

Gasbeton unter der Lupe

1

2

3

Fertigelemente und Fertigteile

Fertigbauelemente und Fertigteile ermöglichen jedem Bauherrn ein rationelles und wirtschaftliches Ausbauen. Industrielle Fertigung gewährleistet dank ständiger Kontrollen gleichbleibende Qualität. Die modernsten Fertigungsmethoden berücksichtigen die neuesten technischen und wissenschaftlichen Erkenntnisse. Dadurch wird eine sehr günstige Preisgestaltung möglich. Zudem werden durch Serienfertigung wesentlich kürzere Lieferfristen erreicht.

Für jeden Ausbau ist es ganz besonders wichtig, daß man sich schon im frühesten Planungsstadium über die Möglichkeit der Verwendung von Fertigelementen und Fertigteilen informiert. Denn durch deren Verwendung kann nicht nur viel Geld gespart werden, sondern auch viel Zeit.

Aus der Vielfalt der Fertigelemente und Fertigteile seien hier nur einige erwähnt: Deckenelemente, Installationswände und Fertiginstallationen, die beim Bau von nichttragenden Zwischenwänden mit Profilschienen zusammengestellt werden (Abb. 1–2); Fassadenelemente aller Art, die auch als Bausatz für jeden Bauplan erhältlich sind; Fertigkamine; Fertigtreppen; Kellerfenster; Türzargen komplett mit Türblatt (Abb. 3); Fertigtüren und Fertigfenster, auch mit Rolladen (Abb. 4); Fertigparkett aus allen Hölzern und in allen Formaten (Abb. 5); Einbau- und Anbauküchen in vielen Stilrichtungen (Abb. 6); Einbauschränke und Fertigregale; Fertigteile für die Sanitärinstallation wie PVC-Rohre (Abb. 7), Buchsen, Abzweigungen, Stopfen und die entsprechenden Befestigungselemente; Putzprofile aus Metall oder Kunststoff für Mauerkanten (Abb. 8); komplette Saunakabinen mit vorgefertigten und gedämmten Wandelelementen (Abb. 9).

4

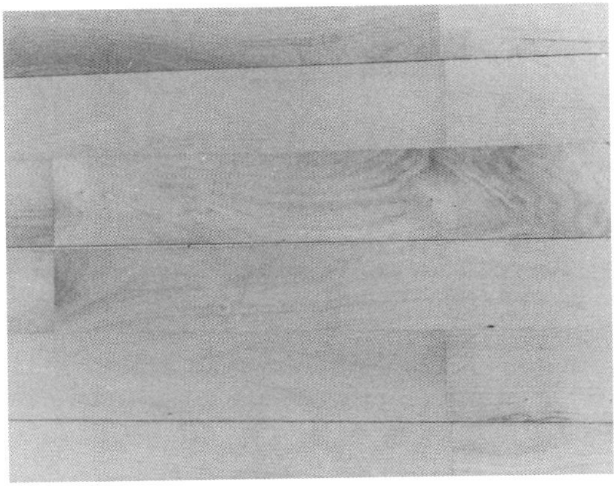
5

6

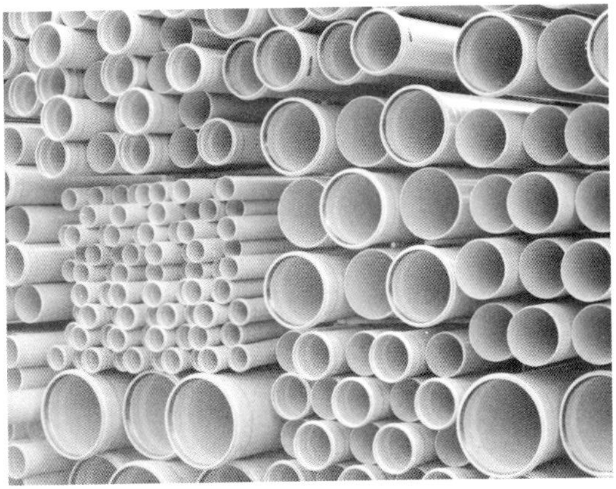
7

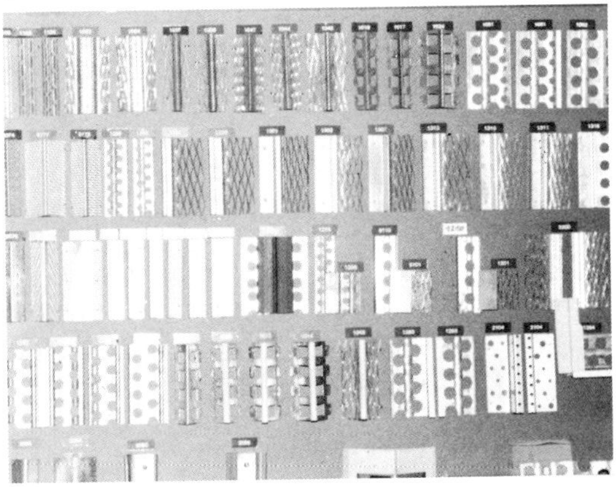
8

9

1

2

3

Gipsbauplatten

Durch technologischen Fortschritt bieten sich zunehmend Vorteile beim Innenausbau. So ergibt die Verbindung von Gips und Zellulosefasern einen Baustoff von hoher Festigkeit – die **Gipsfaserplatte,** die sich wegen der guten Eigenschaften der natürlichen, baubiologisch unbedenklichen Rohstoffe Gips und Zellulose hervorragend für den Innenausbau von Räumen aller Art eignet, insbesondere als Bauplatte, als Feuerschutzplatte und als Feuchtraumplatte. Bei der Herstellung werden Gips und Zellulosefasern miteinander vermischt. Durch Zugabe von Wasser und anschließende Verpressung unter sehr hohem Durck entsteht eine homogene Platte mit folgenden Eigenschaften: sie ist formbeständig, atmungsaktiv, schalldämmend, leicht anzubringen, problemlos zu verfugen, werkzeugfreundlich und enorm belastbar (bis zu 12 kg je Bildernagel). Darüber hinaus bietet sie hinreichenden Feuerschutz.

Gipsfaserplatten werden in verschiedenen Formaten angeboten. Die gängigsten sind die „Ein-Mann-Platten", die raumhohen Platten, die Verbundplatten und die Estrich-Elemente.

Die „Ein-Mann-Platte" hat sich für den Innenausbau bestens bewährt. Sie hat das handliche Format von 100 × 150 cm und wiegt bei 10 mm Dicke nur ca. 17 kg. Sie ist leicht zu verarbeiten bei Deckenverkleidungen im Dachgeschoßausbau, im Althaus usw., also überall dort, wo große Platten zu unhandlich und zu sperrig sind (Abb. 1). Die raumhohen Formate in Längen von 250–300 cm sind besonders rationell zu verarbeiten und mit Stärken von 10–15 mm im Handel erhältlich (Abb. 2).

Estrichelemente aus Gipsfaserplatten sind einfach zu

verlegen und sofort begehbar. Sie bestehen aus zwei wasserfest und dampfbremsend verleimten, gegeneinander versetzt angeordneten Gipsfaserplatten und sind mit Schaumstoff zur Wärmedämmung isoliert. Die Oberfläche ist zusätzlich wasserabweisend imprägniert und ergibt eine optimale Grundlage für alle Fußbodenoberbeläge.

Auch mit **Gipskartonplatten** (Abb. 3) ist der Innenausbau von Häusern für den Selbstausbauer kein Problem, denn das Materialprinzip der Gipskartonplatten ist ebenso einfach wie wirkungsvoll. Ein fester Gipskern ist beidseitig mit Karton ummantelt. Das ergibt einen Baustoff, der sich sowohl durch hohe Biege- und Zugfestigkeit als auch durch hohe Druckfestigkeit auszeichnet. Gipskartonplatten sind atmungsaktiv, sie können also Luftfeuchtigkeit aufnehmen und auch wieder abgeben. Auch Gipskartonplatten gibt es in Verbundbauweise mit Dämmstoff. Die saubere Oberfläche der Platten kann problemlos mit Teppich, Tapeten, Fliesen, Farbe und Putz überzogen werden.

Als Standardausführung findet man im Handel hauptsächlich Gipskartonplatten in Stärken zwischen 9,5 mm (Abb. 4) und 12,5 mm (Abb. 5), in raumhohen Formaten bis 3,25 Länge. Spezielle Feuerschutzplatten bieten durch einen Zusatz von Glasseide mehr Sicherheit. Feuchtraumplatten für Küche und Bad zeichnen sich durch reduzierte Wasseraufnahme aus. Gipskartonplatten mit Dämmstoffauflage auf der Rückseite ermöglichen Wärme- und Schallschutz in einem; sie sind in verschiedenen Dämmstärken lieferbar. Schließlich seien noch die kleinformatigen Platten angeführt, die speziell für den allein arbeitenden Ausbauer entwickelt wurden und vom Format und Gewicht her besonders handlich sind.

Weitere Gipskartonprodukte sind Paneelelemente, Lochplatten für Akustikbau (Abb. 6) sowie Deckenkassetten mit rückseitigen Befestigungsstreifen.

Trockenunterbodenelemente, dreilagig, als einbaufertige Elemente zur schnellen Erneuerung des Unterbodens sind auch als Verbundelemente mit Polystyrolauflage von 20 bis 30 mm Dicke erhältlich.

4

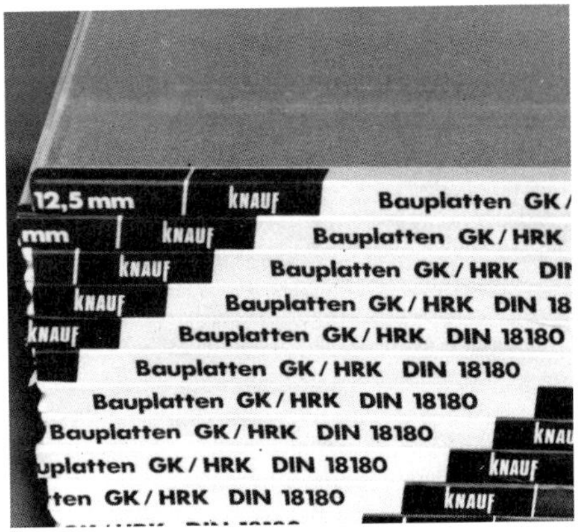

5

6

1

2

3

Holz – ideal für den Innenausbau

Holz eignet sich hervorragend für den Innenausbau und ist an vielen Stellen einsetzbar (vgl. dazu auch den Titel aus der gleichen Reihe „Selbst Wände und Decken mit Holz verschalen"). Folgende Holzarten sind am gebräuchlichsten: Zunächst weisen wir auf die für die Unterkonstruktionen notwendigen Latten, Bretter und Kanthölzer hin (Abb. 1). Sie sind erforderlich wenn z. B. der Fußboden, die Wand oder die Decke isoliert oder verkleidet werden.

Weiterhin gibt es vielerlei Arten von Wand- und Deckenverkleidungen in Form von Paneelen, also echtholzverkleideten Spanplatten und Profilbrettern der verschiedensten Holzarten (Abb. 2).

Echtholz-Paneele bestehen meist aus edlen Hölzern, die auf einen Spanplattenkern furniert sind, nach einem besonderen Verfahren geschliffen, geglättet und schließlich mit einem in zwei Schichten aufgetragenen, UV-gehärteten Polyesterlack lackiert sind, wodurch sich eine besonders widerstandsfähige Oberfläche ergibt.

Profilbretter sind meist aus Fichte oder Tanne und massiv. Sie haben immer ein Nut- und Federprofil und sind oft unbehandelt, d. h. weder lackiert noch gebeizt. Doch finden nun immer mehr auch oberflächenbehandelte Profilbretter Verbreitung, die bereits im Werk mit den verschiedensten Oberflächen ausgestattet oder sogar mit Rundumschutz versehen werden, der die bauseitige Oberflächenbehandlung überflüssig macht. Es werden immer mehr biologisch unbedenkliche Öle auf pflanzlicher Basis als Oberflächenschutz eingesetzt. Als Fußböden wählt man vorzugsweise entweder massive Hobeldielen oder Fertigparkett in Dielen-, Schiffsboden oder Holzpflasterform (Abb. 3).

Badezimmer mit Profilholz verschalt

Fliesen, Platten und Kacheln

Feine Dekor-Wandfliese

Glasierte Wandfliese

Glasierte Bodenfliese

Naturstein, spaltrauh

Anspruchsvolle Wohnkultur ist heute viel persönlicher geworden, zudem weitaus freier und selbständiger in den Einrichtungsideen.
Keramik hat diesem Trend in den letzten Jahren wichtige Impulse gegeben. Ebenso sind Natursteinplatten wieder gefragt.
Die Palette reicht von schmalen strukturierten Riemchen für die dekorative Wandgestaltung über 30×30cm Großformate bis hin zu den noch größeren Formaten der Natursteine wie Marmor, Granit usw.
Alle diese Fliesen, Platten und Kacheln werden heute mit höchster Präzision und Genauigkeit hergestellt. Sie gewährleisten eine hohe Abriebfestigkeit, abgestimmt auf die einzelnen Beanspruchungsgruppen. Man unterscheidet zwischen Steingutfliesen, Ziegelfliesen imprägniert, Cotto, Steinzeugfliesen, Mosaik, Glas- und Porzellanmosaik, Steinzeugfliesen im Großformat, Spaltplatten, Ziegelfliesen frostsicher, Klinker, Kunststeinplatten und Natursteinplatten.
Ein Wort zur Herstellung: Bei den keramischen Fliesen unterscheidet man zwei Arten: Steingut und Steinzeug. Steingut wird nur für Wandfliesen verwendet. Steinzeug kann als Boden und Wand- oder Fassadenbelag eingesetzt werden. Der Unterschied beider Fliesenarten liegt in der Zusammensetzung des Grundmaterials. Steingut besteht aus Ton, Kaolin, Quarz, Kreide und Kalk. Diese Masse wird mit Wasser angerührt, getrocknet und unter hohem Druck zum Fliesenrohling gepreßt, anschließend bei ca. 1200 Grad C 60 Stunden gebrannt. Danach wird die Glasur aufgetragen und wieder gebrannt. Steinzeug dagegen ist dichter und frostsicher. Die Inhaltsstoffe sind die gleichen, jedoch in anderer Zusammensetzung.

Glasierte Bodenfliese

Bodenfliesen im Verbund verlegt

Unglasierte Bodenfliese

Fliesen diagonal verlegt

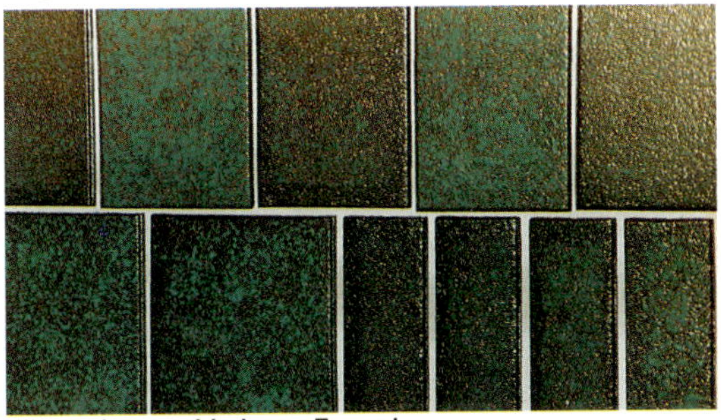

Fliesen in verschiedenen Formaten

Bodenfliesen im Raster verlegt

Fliesen verschiedener Breite

Bodenplatten aus Granit

Glasierte Wandfliese mit Formteilen

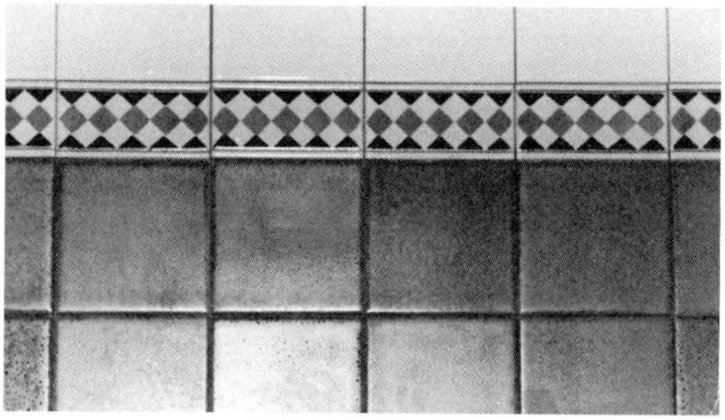

Glasierte Wandfliese mit Dekorleisten

Glasierte Motivfliese

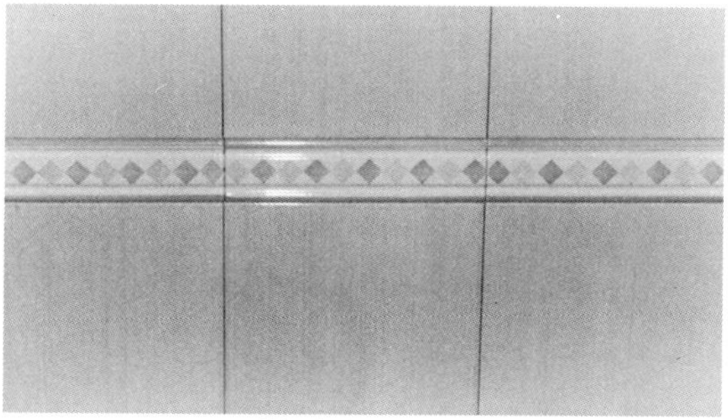

Glasierte Wandfliese mit Dekorleisten

Wandfliese im quadratischen Format

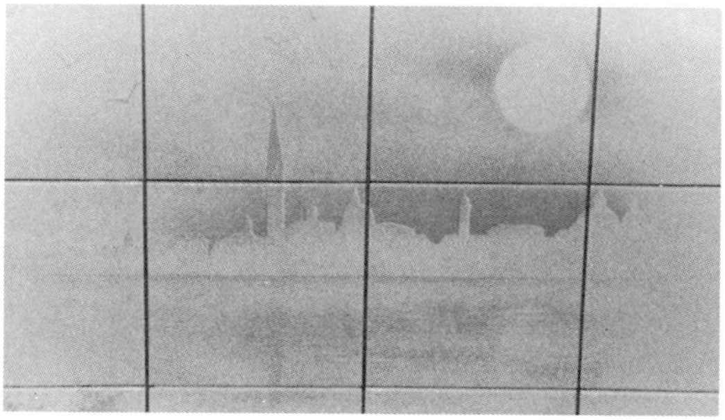

Glasierte Motivfliese

Glasierte Motivfliese

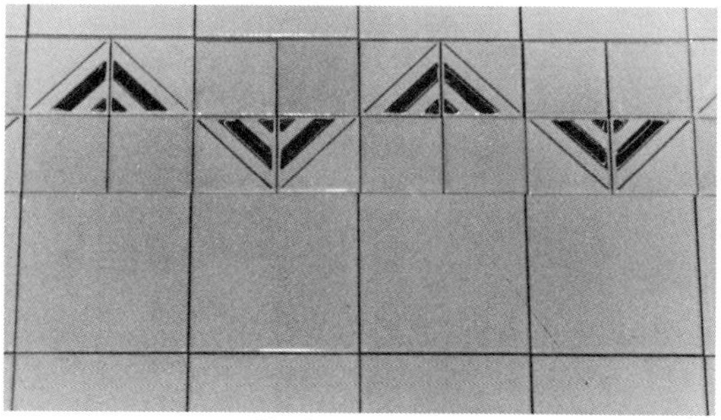

Glasierte Wandfliese mit Viertelfliesen

Dämm- und Sperrmaterial

Der richtige Einsatz von Dämm- und Sperrmaterial beim Ausbau von Dachgeschoß und Keller ermöglicht einen energiesparenden und damit kostensparenden Wärmeschutz. Die Räume lassen sich schneller aufheizen und geben die kostbare Wärme wesentlich langsamer wieder ab. Übrigens hat auch der Gesetzgeber 1982 eine neue Wärmeschutzverordnung erlassen, die von Januar 1984 an auch von Bauherren und Hauseigentümern beachtet werden muß, die neu bauen bzw. ein bereits bestehendes Gebäude wesentlich erneuern. Gegenüber der alten Fassung schreibt diese Verordnung einen erhöhten Wärmeschutz von 20–25 Prozent vor, der neben wirtschaftlichen Vorteilen (Brennstoffkostenreduzierung, kleinere Heizanlagen, Vermeidung von Frostschäden) auch gesundheitliche Vorteile durch gleichmäßigere Wärme und Vermeidung von zu hoher Feuchtigkeit mit sich bringt.

Grundsätzlich unterscheidet man zwischen Dämmstoffen aus Glaswolle, Steinwolle, Schaumstoff und Kork. Dämmaterial aus Steinwolle- und Glaswollefilz wird wiederum in vier verschiedenen Ausführungen angeboten: Als Mattenware in Rollenform, in einer Breite von ca. 50–120 cm (Abb. 1); als Mattenware mit beidseitig verstärkten Randleisten, auf Alu-Laminat kaschiert (Abb. 2), wobei zur besseren Abdichtung die zu verlegende Steinwollmatte um jeweils ca. 2 cm über die Sparren hinauslappen sollte und dann eingepreßt, festgetackert und mit Alu-Klebeband sorgfältig abgedichtet werden sollte (Abb. 3); als Dämmplatten in verschiedenen Formaten für die Verwendung an Decken, Böden und Wänden innenseitig (Abb. 4); als Estrichdämmplatten für die Schall- und Wärmedämmung von Geschoßdecken sowie Zimmerwänden und

1

2

3

4

5

6

Außenwänden innenseitig (Abb. 5). Die Stabilität des Aufbaus wird durch eine Rahmenkonstruktion aus Holz- oder Metallständer gewährleistet (Abb. 6).
Es ist noch anzumerken, daß die oben erwähnten Dämmplatten auch als Hartschaumplatten im Handel erhältlich sind. Spezielle schallschluckende Verkleidungsplatten gibt es in gelochter oder geschlitzter Ausführung für Wand und Decke.
Eine Variation der Dämmstoffplatten sind die sogenannten Dämmkeile, die besonders bei der Dämmung von Altbaudächern und schwierigen Dachkonstruktionen das Arbeiten wesentlich erleichtern. Die Dämmkeile werden den unterschiedlichen Sparrenabständen angeglichen, indem man sie paarweise gegeneinander verschiebt, mit einem Zentimeter Zuschlag beschneidet und dann zwischen die Sparren klemmt (Abb. 7–8).
Anschließend werden sie mit Alufolie abgedeckt und angetackert. Die überlappenden Stoßkanten der Folie werden mit Alu-Klebeband dicht überklebt (Abb. 9).
Eine weitere Dämmstofform sind die Isolierschüttungen mit Dämmstoffkörnung aus Schaumstoffkugeln oder feinporigen Tonkugeln mit hohem Luftvolumen. Dämmstoffkörnung wird hauptsächlich für trittschall- und wärmedämmenden Höhenausgleich bei Fußbodentrockenkonstruktionen verwendet. Die Schüttung ermöglicht einen problemlosen Höhenausgleich. Sie wird mit dazugehörigen Bodenplatten belegt und bei Bedarf verdichtet. Dann können Spanplatten und Teppich etc. darauf verlegt werden (Abb. 10).
Die früher viel verwendete Teerpappe ist inzwischen fast ganz von Folien aus Aluminium und Polyäthylen (PE) verdrängt worden (Abb. 11). Für den Aufbau von Unterböden mit schwimmend verlegten Trockenestrichplatten über Massivdecken ist grundsätzlich der Einbau einer Feuchtesperre aus PE-Folie (0,2 mm dick) notwendig.
Alufolie aus Reinaluminium (0,1 mm dick) ist absolut wasserdampfdicht und nicht brennbar. Ihre hauptsächliche Verwendung finden sie bei Dach- und Außenwanddämmungen (Abb. 12).

7

8

9

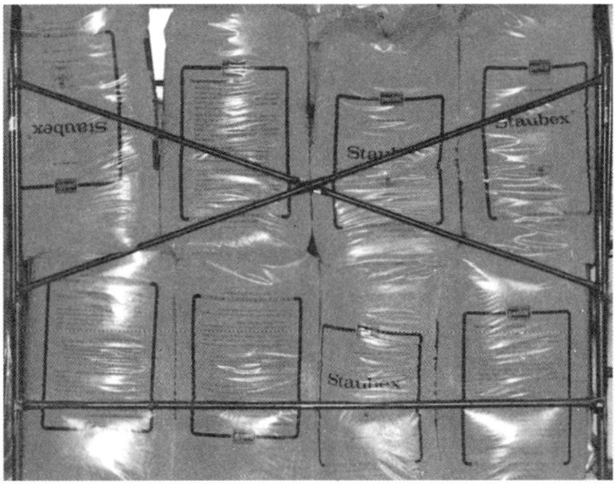

10

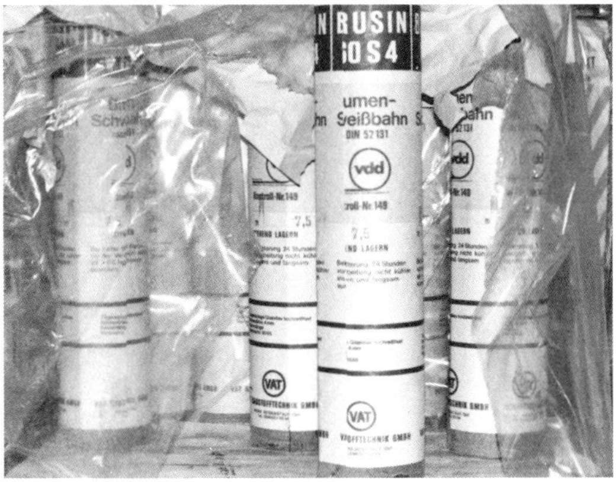

11

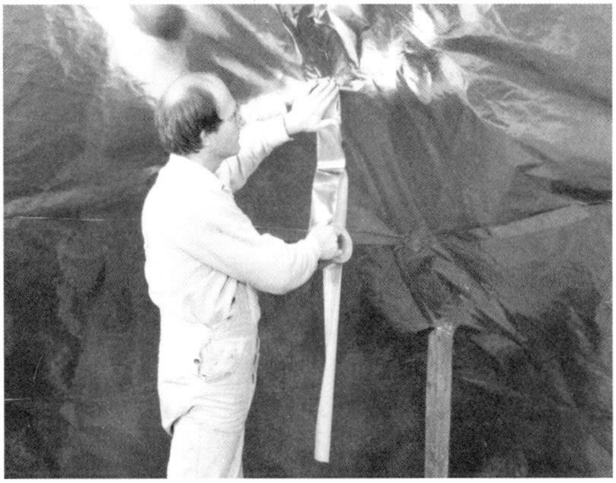

12

1

2

3

Sanitärzubehör für jeden Zweck

Qualitätsrohre aus PVC für erdverlegte Abwasser- und Kanalleitungen sowie für heißwasserbeständige Hausabflußleitungen sind problemlos zu verlegen (Abb. 1–2). Sie sind sehr leicht, können also ohne Hebewerkzeuge transportiert werden. Steckverbindungen erübrigen den Einsatz von Werkzeug beim Zusammenbau. Sie haben ferner einen Gummiring, der sie gegeneinander vollkommen abdichtet. Das Lieferprogramm umfaßt in verschiedenen Durchmessern unterschiedliche Längen, Bögen, Abzweigungen, Stopfen etc. (Abb. 3–4) – ein richtiges Baukastensystem also bis hin zur Dachrinne und den Regenfallrohren. Das PVC-Material ist korrosionsbeständig, schwer entflammbar, exakt paßgenau, sehr beständig gegen aggressive Flüssigkeiten sowie heiße und kalte Abwasser. Zudem bietet der Handel alle möglichen Variationen von Geruchsverschlüssen für Waschmaschinen, Waschtische, Brausetassen und Badewannen an, meist schon komplett in Klarsichthülle verpackt. Ebenso findet man in fast unübersehbarer Zahl die verschiedensten Fabrikate für Brauseschläuche, Eckventile für die Waschtischzuleitung, mit Kupferrohren verchromt, ferner alle Arten von Schellen, Reduzierungen, Dichtungsbändern, Wasserhähne in allen Variationen, Mischbatterien auf Putz und unter Putz, Schlauchbinder und Perlsiebe.

Wichtig für den Innenausbau speziell in Feuchträumen wie Bad, Hauswirtschaftsraum, Küche etc. ist es, die Fugen zwischen Badewanne und Fliesen, zwischen Waschbecken und Wand usw. optimal abzudichten, damit keine Staunässe auftreten kann und die darunterliegende Etage in eine Tropfsteinhöhle verwandelt (Abb. 5–6). Als idealer Werkstoff für dauerelastisches und zuverlässiges Abdichten von Fugen hat sich Silikondichtmasse erwiesen. Sie ist leicht aufzutragen, schnell aushärtend, absolut dicht und wird in den verschiedensten Farben angeboten.

Wichtig sind auch die richtigen Pflegemittel für Fliesen und Sanitärteile sowie die Zement- und Kalkschleierentferner.

Werden beim Ausbau von Dachgeschoß und Keller leichte Trennwände aufgestellt, sogenannte Ständerwände, und sollen diese zur Befestigung von Sanitärelementen gedacht sein, so ist auf entsprechende Stabilität zu achten. Für den Einbau von Waschtischzuleitungen genügt die einreihige Ständerbauweise (Abb. 4). Die Ständer aus Holz oder Metallprofilen sind entsprechend breit zu wählen, damit das dickere Abflußrohr plus Dämmstoff neben den anderen Leitungen Platz findet. Die Tragekonstruktion kann aus starken Kanthölzern selbst gebaut werden. Hierbei ist darauf zu achten, daß das Waschbecken direkt an den Ständern angeschraubt wird. Bei Verwendung von Metallprofilen empfiehlt sich der Einbau eines Stahlwinkelrahmens zur Aufnahme der Sanitärelemente. Dieser Rahmen ist als Bausatz individuell an die Erfordernisse anpaßbar und eine bewährte, auch für Holzständer geeignete Konstruktion.

Das Einsetzen der Brausetassen in die Unterkonstruktion soll vor dem Verfliesen des Naßraumes geschehen (Abb. 5). Achten Sie auf den korrekten Anschluß des Abflusses, lassen Sie sich Zeit. Das spart so manchen Ärger, den undichte Abflüsse mit sich bringen. Ist die Brausetasse sicher in den Sockel eingelassen worden, dann kann mit dem Verfliesen des Bodens und der Wände begonnen werden. Eventuell sollten Sie die Untergründe vorher noch mit einem speziellen Vorstrich gegen Feuchtigkeit sperren.

Nach dem Verfliesen und Verfugen der Keramik werden die Anschlußfugen zwischen Wand, Fliesen und Brausetasse mit einer Silikondichtmasse dauerhaft und elastisch verfugt. So kann keine Feuchtigkeit eindringen, die Fuge bleibt dicht (Abb. 6). Silikondichtmasse sollten Sie stets in einer mit den Fliesen harmonierenden Farbe wählen.

4

5

6

1

2

3

Dielen, Parkett und Paneele

Für den Fußboden sollten Sie möglichst hartes Holz verwenden, um Kratzern und Verschleiß vorzubeugen. Aber auch „weiche" Hölzer eignen sich als Dielen, bei geringer beanspruchten Böden, z. B. Kiefer.
Durch Oberflächenbehandlung mit Zweikomponentenlack kann man daraus sogar fast einen harten Boden machen (Abb. 1).
Fertigparkettelemente bestehen aus einer Trägerschicht aus Holz oder Holzwerkstoff mit einer verschieden dicken Oberfläche aus versiegeltem Holz (Abb. 2). Fertigparkett wird in den verschiedensten Hölzern angeboten und ist leicht zu verlegen. Die einzelnen Elemente sind schon vorgefertigt, meist mit Nut und Feder versehen und brauchen nur noch verklebt oder genagelt werden (Abb. 3).
Auch traditionelles Parkett in Form von Einzelstäbchen oder Lamellen wird angeboten und in verschiedenen Mustern liegend oder als Hirnholz verarbeitet (Abb. 4–5). Auch das klassische Fußbodenparkett in Kassettenmuster findet wegen seines edlen Aussehens wieder mehr Freunde (Abb. 6). Traditionelles Parkett muß nach dem Verlegen erst geschliffen und dann versiegelt oder eingelassen werden. Für den Selbstausbau ist es daher kaum geeignet.
Für die Verkleidung von Wand und Decke sind Paneelelemente geradezu ideal. Sie lassen sich leicht und schnell auf den verschiedensten Untergründen anbringen, sogar ankleben (Abb. 7) und werden in allen Hölzern als Kassetten oder als Bahnenware brettähnlich angeboten (Abb. 8). Mit Nut und/oder Feder ausgestattet, brauchen sie nur noch eingepaßt und zusammengesteckt zu werden, ebenso wie die sehr beliebten Profilholzbretter (Abb. 9).

4

5

6

7

8

9

1

2

3

Kunststoffbeläge und Teppichböden

Die meisten im Handel erhältlichen Kunststoffbeläge bestehen aus PVC (Poly-Vinyl-Chlorid), einem zähelastischen Material, das viele Vorteile bietet (Abb. 1).
Die oberste Schicht eines PVC-Belages ist so ausgestattet, daß sie besonders strapazierfähig und abriebfest ist. Das garantiert eine lange Lebensdauer.
Kunststoffböden eignen sich für lose und verklebte Verlegung und sind mit Wasser und Spülmitteln zu reinigen. Sie sind schmutzabweisend, pflegeleicht und auch in asbestfreier Ausführung zu haben. Und darauf sollten Sie besonders achten: PVC-Boden ist auf größeren Flächen nicht sehr leicht zu verkleben. Ausführliche Hinweise für die Verarbeitung von PVC-Belägen finden Sie in dem Band „Selbst Teppichböden, PVC und Parkett verlegen" aus der Reihe Compact Praxis, sowie in diesem Band auf Seite 58 (Grundkurs Bodenbelagarbeiten).
Teppichböden haben sich in den letzten 20 Jahren rasch verbreitet, gegenwärtig sind schätzungsweise 80 Prozent aller Wohnungen mit Teppichboden ausgestattet (Abb. 2).
Teppichböden werden aus Kunstfaser, Wolle, Baumwolle, Sisal, Kokos und der Mischung aus diesen Fasern hergestellt. Als Webware werden Tuftingboden, Nadelvlies und Nadelfilz angeboten (Abb. 3). Die Teppichoberseite besteht aus Schlingen oder aufgeschnittenen Schlingen (Velours), Filze und Vliese hingegen sind glatt. Die Unterseite wird meist mit Kunststoffschaum beschichtet, was den Komfort sowie die Wärme- und Trittschalldämmung erhöht. Die Teppichbodenqualität und das Einsatzgebiet lassen sich am Teppichsiegel ablesen. Die Auswahl an Farben und Mustern ist groß und macht oft die Wahl zur Qual.

Die gebräuchlichsten Mörtel, Kleber und Fugenmassen

Unentbehrlich für den Innenausbau sind die verschiedenen im Handel angebotenen Trockenmörtel. Sie sind leicht anzurühren, benetzbar, entmischen sich nicht, haften ausgezeichnet auf allen Steinarten, sind stoßfest, atmungsfähig und frostsicher. Trockenmörtel gibt es als Mauer- und Putzmörtel für Verbund- und schwimmende Estriche oder als Edelputz für die verschiedensten Auftrage- und Reibetechniken. Spezielle Mörtelzusätze verbessern die Eigenschaften.
Kleber für Keramik- und Natursteinplatten werden in verschiedenen Gebinden angeboten. Man unterscheidet je nach Dicke des Kleberauftrags zwischen Dünn-, Mittel- und Dickbettverfahren.

1. Beim Verlegen von Fliesen an senkrechten Wänden im Dünnbettverfahren (bis 5 mm), wird der Kleber mit einer Zahnspachtel waagrecht aufgebracht.

2. Beim Verlegen von Grobkeramik auf dem Fußboden ist, je nach Fliesenart, meist Mittelbettmörtel, 5–15 mm, zu empfehlen. Den Kleber ziehen Sie mit einem Zahnspachtel auf.

Fugenmassen gibt es in weiß und vielen Farben für Wand- und Bodenbeläge bis 20 mm Fugenbreite (auch in Spezialausführungen), ferner als wasserdichte, flexible Fugenmörtel für Bäder und Duschen und für flexibles Verfugen von keramischen Belägen und Natursteinen auf Heizestrichen, Gipskartonplatten, Gipsbodenplatten und Holzspanplatten.

3. Die Fugenmasse wird in der richtigen Konsistenz angemacht und mit einer Gummispachtel diagonal zu den Fugen eingebracht.

Eine andere Möglichkeit, Fugen dauerhaft und elastisch abzudichten, bietet die Silikondichtmasse. Sie wird meist in Kartuschen mit Spritzdüse angeboten.

1

2

3

1

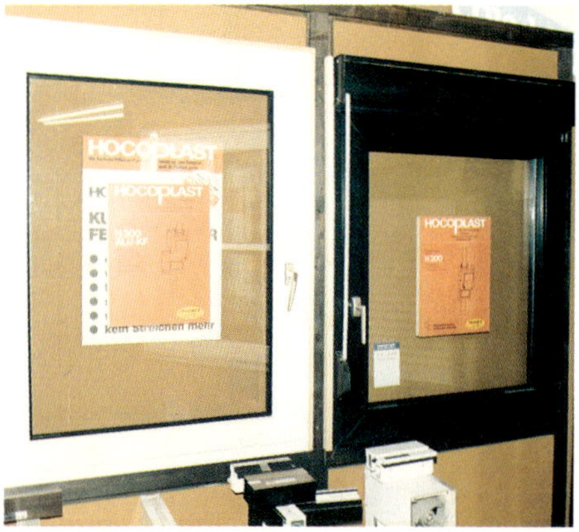

2

3

Fenster und Türen

Ganz wichtige Elemente beim Innenausbau sind Fenster und Türen. Aus welchem Material sie hergestellt werden, spielt heute nur noch eine geringe Rolle, denn die Baustoffe – ob Holz, Metall oder Kunststoff – werden technisch so beherrscht, daß funktionale Probleme in den Hintergrund getreten sind. Entscheidend ist, daß sie den Erfordernissen der Wärme- und Schalldämmung entsprechen.

Überlegenswert ist, ob Fensterläden (Abb. 1) oder – eventuell auch nachträglich – Rollos (Abb. 2) oder Fensterkreuze (Abb. 3) angeschafft werden sollen.

Fertigfenster sind in allen Größen lieferbar – mit Zweifach- und Dreifach-Verglasung oder mit speziellen Wärmeisolierscheiben, die metallbedampft sind. An Holzarten für Rahmen werden sowohl einheimische als auch exotische Hölzer angeboten. Beschläge findet man in einer kaum überschaubaren Vielfalt.

Das gleiche gilt auch für Türen. Diese müssen lange Jahre ihre Funktion erfüllen, werden arg strapaziert und tragen entscheidend zur Gestaltung eines Raumes bei. Sie wirken zudem prägend auf jeden Raum durch ihre Größe und Fläche. Türen und Fenster müssen sorgfältig gewählt werden. Türen werden als Fertigserienmodell in genormten Größen angeboten und sind besonders preiswert. Doch sind Türen aus Holz, Kunststoff, Glas und Metall auch in Zwischengrößen lieferbar. Vor allem Türen aus Holz werden in den verschiedensten Variationen angeboten. Abgesehen von der Holzart gibt es Türen mit Füllungen, unterteilt in zwei oder mehrere Felder, mit schlichten oder verzierten Kassetten, teilweise verglast mit schlichter Zarge oder als repräsentative Tür mit echter Kassettenfüllung (Abb. 4–7).

4

5

6

7

Wendel- und Spindeltreppen

1

2

Wendeltreppen passen in jedes Haus, weil sie in allen Stilrichtungen und -ausführungen angeboten werden. Die Palette reicht von barocken Stilelementen über rustikale Ausführungen bis hin zum streng geometrischen schnörkellosen Typ. Dies gilt genauso für die Spindeltreppen, jenen Treppentyp also, der sich um seine tragende Achse links oder rechts herum nach oben windet (Abb. 1). Spindeltreppen sind in runder oder quadratischer Ausführung und in 120–200 cm Breite erhältlich. Die Geländerführung folgt dem Treppengrundriß (Abb. 2).

Wendel- und Spindeltreppen können sogar über zwei Etagen geführt werden. Sie gelten allgemein als Nebentreppen, sind aber in einer Breite von 200 cm auch als Haupttreppe zugelassen. Der Aufbau der vorgefertigten Elemente gestaltet sich recht leicht. Das Zentralrohr wird mittels eines Sockels am Boden befestigt. Dann werden abwechselnd Stufenelemente und Abstandsring aufgesteckt. Der Rahmen des Austrittpodestes wird auf das Zentralrohr gesteckt und am Dekkendurchbruch angeschraubt (Abb. 3).

Dann wird das Austrittpodest befestigt. Nun werden die einzelnen Stufenelemente fächerförmig im gleichen Abstand zueinander genau ausgerichtet und am Zentralrohr mittels Schrauben fixiert (Abb. 4). Die Treppe kann nun schon betreten werden, um die einzelnen Geländerelemente zu befestigen. Dafür sind die vorgefertigten Elemente nur noch in die Stufen einzustecken und von unten festzuschrauben (Abb. 5). Danach wird noch der Handlauf befestigt, der dem Geländer Festigkeit und Sicherheit verleiht (Abb. 6). Zu guter Letzt bringen Sie noch den Austritt am Brüstungsgeländer an.

3

4

5

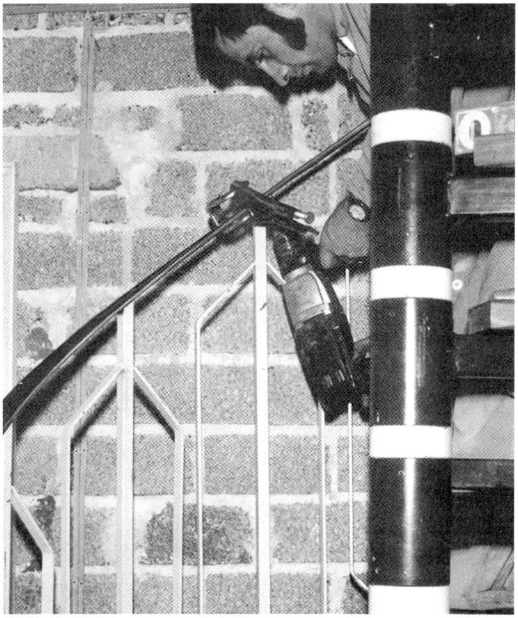

6

1

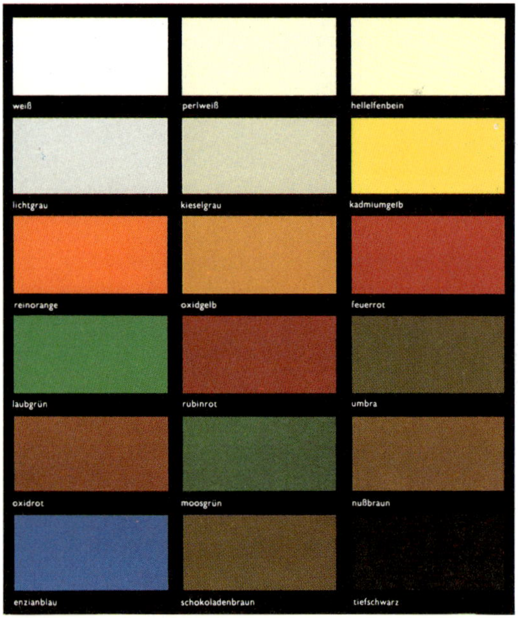

2

Farben und Lacke

Hierbei handelt es sich um ein derart umfassendes Thema, daß notgedrungen für eingehendere Informationen auf den Band ,,Selbst malern, lackieren und tapezieren ,,aus der Reihe Compact Praxis verwiesen werden muß. In gebotener Kürze daher zunächst zu den Wandfarben, insbesondere den matten, wisch- und waschbeständigen **Kunststoffdispersionsfarben.** Je nach Fabrikat kann mit guter bis sehr guter Deckkraft gerechnet werden. Kunststoffdispersionsfarbe haftet auf fast allen Untergründen – auf Putz, Gasbeton, Beton, Gipskarton, Gipsfaserplatten, selbstverständlich auch auf Tapeten und Rauhfaser, auf alten Dispersionsanstrichen und, nach entsprechender Vorbehandlung, auch auf Kalk- und Leimfarbenanstrichen. Sie sind für alle Arten von Räumen vom Wohnzimmer über Kinderzimmer bis zur Werkstatt geeignet. Zur Abtönung bedient man sich ganz einfach der Volltonfarben, die, meist kiloweise abgepackt, je nach gewünschtem Endton nach Mischanweisungen zugegeben werden. Volltonfarben gibt es in einer reichhaltigen Palette, und sie können selbstverständlich auch ungemischt verarbeitet werden (Abb. 1).

Lacke für alle Zwecke, ob als Rostschutz oder als Heizkörperlack, sind im Handel in reicher Auswahl erhältlich (Abb. 2–4). Achten Sie auch hier auf Qualität, das spart Ärger, Arbeit und Kosten. Die meisten der bisher üblichen Lacke waren der Gesundheit nicht eben zuträglich. Sie enthielten Lösungsmittel mit gesundheitsschädlicher Wirkung. Die heutzutage verwendeten Verdünnungsmittel sind zwar nicht mehr ganz so giftig, doch sollte, wenn möglich, auf die ungiftigen **Acryllacke** und -farben zurückgegriffen werden. Acryllacke sind mit Wasser zu verdünnen; sie trocknen schnell, glänzen schön und sind ganz leicht am blauen Umweltschutzengel zu erkennen.

Acryllack kann mit dem Pinsel aufgetragen werden, was eine glatte Oberfläche ergibt, aber auch mit dem Lackroller, dann erzielt man eine etwas stumpfere Oberfläche. Das Werkzeug, ob Pinsel oder Rolle, läßt sich ganz einfach mit Wasser reinigen.

Klarlacke sind auf Kunstharzbasis aufgebaut und, wie der Name bereits nahelegt, transparent. Sie verfügen über eine hohe Widerstandsfähigkeit gegenüber allen Arten von Witterungseinflüssen.

Allerdings muß der Lack vor langer, intensiver Sonneneinstrahlung geschützt werden, denn die UV-Strahlen können ihn zerstören.

Nitrolacke bestehen aus Zellulosenitrat in einem Lösungsmittelgemisch. Als Spritz- und Streichlack sind sie im Handel erhältlich. Die Lösungsmittel sind gesundheitsschädlich. Vorsicht beim Verarbeiten.

Desweiteren gibt es noch die **Zwei-Komponenten-Lacke,** z. B. Polyesterlacke, Epoxid- und Polyurethanlacke. Sie bestehen aus Harz und dem Härter, die nach dem Mischen rasch verarbeitet werden müssen, da sie innerhalb kurzer Zeit aushärten. Zwei-Komponenten-Lacke müssen genau nach Vorschrift gemischt und aufgetragen werden.

Heizkörperlack ist ein besonderer Kunstharzlack, der Temperaturen bis über 100 °C verträgt, ohne zu vergilben; außerdem ist er strapazierfähig. Keinesfalls darf er jedoch für Ofenrohre verwendet werden. Dafür gibt es speziellen, temperaturfesten **Ofenrohrlack.**

3

4

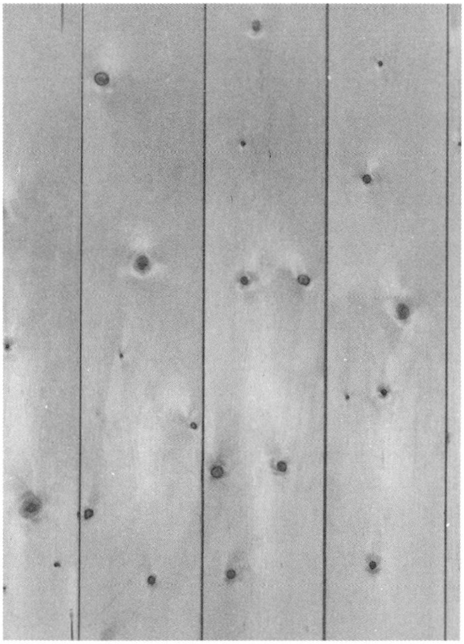
1

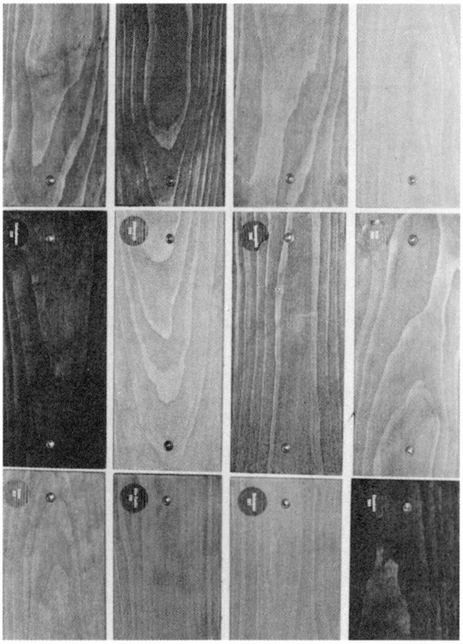
2

Beizen und Lasuren

Beizen erhalten und steigern den natürlichen Charakter und die Schönheit des Holzes, indem sie die Maserung hervorheben, verfärben ohne zu überdecken (Abb. 1). Holzbeizen werden meist in Pulverform angeboten. Sie sind wasser- oder spirituslöslich und müssen daher nach dem Auftrag mit Lack oder Politur schützend überzogen werden (Abb. 2).
Zunächst wird die Holzoberfläche in Wuchsrichtung abgeschliffen. Dann wird das Holz mit einem Lappen oder Schwamm leicht angefeuchtet. Dadurch richten sich kleine Fasern nochmals auf. Nach dem Trocknen schleifen Sie nochmals nach. Nun wird die angerührte Beize zum Testen auf einem gesonderten kleinen Holzstück ausprobiert. Tragen Sie mit einem Pinsel großzügig in Faserrichtung auf und arbeiten Sie anschließend quer zur Faser. Danach lassen Sie die Beize ein bis zwei Minuten einwirken und wischen die überschüssige Menge mit einem Schwamm oder Lappen ab – wiederum in Faserrichtung.
Holzlasuren sind Klarlacke mit eingemengten, farbigen Pigmenten. Lasuren erhalten die Schönheit des Holzes, verändern den Farbton und schützen außerdem die Oberfläche.
Holzlasuren sind leicht zu verarbeiten, also einfach wie Lack mit einem Pinsel aufzutragen. Sie trocknen schnell, sind wasserabweisend, feuchtigkeitsregulierend und atmungsaktiv. Die meisten der angebotenen Fabrikate können auch gespritzt werden. Manche Lasuren haben eine fungizide, d. h. pilztötende Wirkung, was vor allem für einheimische Nadelhölzer wichtig sein kann.
Holzlasuren lassen sich im Grunde bei sämtlichen Holzflächen im Innen- und Außenbereich anwenden.

Holzschutzmittel

Der Werkstoff Holz ist organisch gewachsen. Seine Zellstruktur lebt weiter. Holz reagiert also auf Hitze, Kälte, Trockenheit und Feuchtigkeit. Aufgrund dieser Einflüsse verändert es sein Volumen.

Holzschäden erkennt man z. B. an bräunlichen Verfärbungen, was meist Schwammbefall als Ursache hat. Ist das Holz weich, so daß sich ein Nagel mit der bloßen Hand ins Holz stoßen läßt, so liegt Braunfäule vor. Zeigen sich blaue Verfärbungen (immer nur an Nadelholz), so rühren sie vom Bläuepilz her. Findet man schließlich in Balken kleine Löcher, aus denen Holzmehl rieselt, dann ist der berühmte Holzwurm am Werk. Für alle diese Fälle gibt es Behandlungsmittel, die in zwei Gruppen unterteilt sind: bekämpfende und vorbeugende Präparate gegen Pilze, Bakterien und Insekten. Außerdem gibt es spezielle Feuerschutzanstriche, die im Brandfall das darunterliegende Holz isolieren. Alle diese Präparate können problemlos mit dem Pinsel aufgetragen werden. Lassen Sie sich von den Fachleuten des Handels beraten. Folgende Produktgruppen sollten Ihnen freilich von Beginn an vertraut sein: Porenfüller dienen als Voranstriche vor dem Lackieren oder Polieren, wobei größere Vertiefungen mit Holzkitt zu schließen sind. Vorstreichfarben oder Vorlacke, die matt auftrocknen, sowie farblose **Klarlacke** auf Polyester- oder Polyurethanbasis sind extrem widerstandsfähig.

Lasierende Lacke und Lasuren (Abb. 1 – 2) erhalten die Maserung und den Charakter des Holzes, bieten aber die Möglichkeit den Farbton zu verändern. **Kunstharzfarben** sind hart und widerstandsfähig. **Versiegelungslacke** werden für Fußböden und Möbel verwendet. Öle schließlich geben seidigen Glanz.

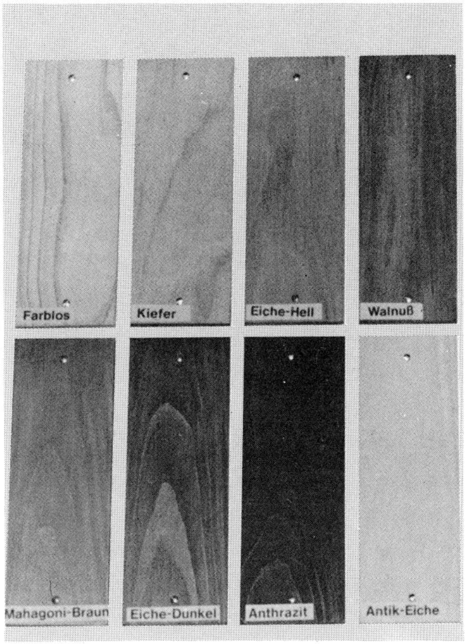

1

2

Die wichtigsten Werkzeuge

Auf diesen beiden Seiten finden Sie Kurzbeschreibungen der wichtigsten Werkzeuge, die Sie beim Innenausbau von Dachgeschoß und Keller benötigen. Welche Werkzeuge Sie für einzelne Arbeitsgänge und -anleitungen brauchen, ersehen Sie aus den Abbildungen unter der Rubrik „Werkzeuge", die Sie bei allen Arbeitsanleitungen finden.

1

2
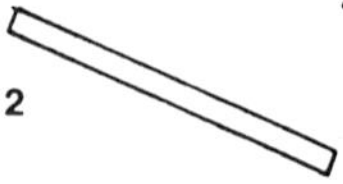
3

4

5

6

7
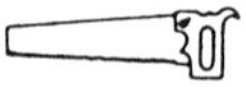

Werkzeuge zum Messen

1. **Bandmaß:** Zum Messen großer Abstände z. B. Fassadenbreiten und -höhen oder der Diagonalen von Wänden und Decken geeignet.
2. **Richtscheit:** Zum Messen der Höhendifferenzen innerhalb der Verlegefläche (hierzu reicht auch notfalls, wenn nichts passendes zur Hand, ein gerades Brett).
3. **Schlauchwaage:** (durchsichtiger, mit Wasser gefüllter Plastikschlauch): zum Messen und Anzeichnen von Höhen über größere Entfernungen; besonders nützlich bei Deckenabhängungen.
4. **Wasserwaage:** Mit ihr können Sie waagerechtes und senkrechtes Einmessen von Lattung und Verkleidung vornehmen.
5. **Senklot:** Zum Bestimmen vertikal übereinander liegender Punkte.
6. **Schmiege:** Zur Übertragung von Winkeln auf alle Arten von Latten und Bretter.

Werkzeuge zum Sägen und Schneiden

7. **Fuchsschwanz:** Eignet sich zum Ablängen aller Arten von Kanthölzern und Latten.

8
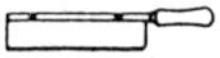
9

10

11

12

13

14

8. **Feinsäge:** Zum Ablängen von Leisten und Latten, sowie zum Einschneiden von Profilbrettern, Schindeln etc.
9. **Lochsäge:** Zum Ausschneiden von Löchern in Brettern und Platten bestens geeignet.
10. **Teppichbodenmesser:** Zum Schneiden von Folien und dünnen Dämmstoffplatten, sowie von Gipskarton- und Gipsfaserplatten.
11. **Messer:** Messer mit längerer und scharfer Klinge werden zum Schneiden von dickeren Mineralfaserplatten benutzt.
12. **Steinsäge:** Zum Schneiden von Gasbetonsteinen.
13. **Metallsäge:** Spezialsäge für Metallständer und -profile.
14. **Blechschere:** Spezialwerkzeug zum Schneiden von Blechen in verschiedener Stärke.

Werkzeuge zum Befestigen

15
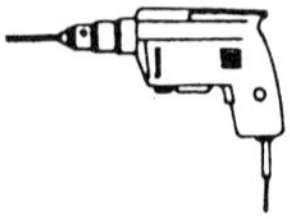
16

17

18

19

20
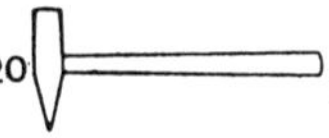
21

15. **Elektrobohrmaschine:** Zum Bohren von Löchern in Holz. (Zum Bohren von Stein oder Beton braucht man unbedingt eine Schlagbohreinrichtung).
16. **Steinbohrer:** Zum Bohren von Dübellöchern in Wände und Decken aus Stein, Beton und anderen harten Materialien. Steinbohrer haben speziell aufgeformte Spitzen, die sie zu diesem Zweck besonders geeignet machen.
17. **Holzbohrer:** Zum Bohren von Löchern in Holz. Holzbohrer mit Zentrierspitze lassen sich sehr gut führen. Zu beachten: beim Bohren in Stein werden Holzbohrer sofort unbrauchbar.
18. **Metallbohrer:** Praktisch zum Bohren von Löchern in Metallschienen (Aluprofile). Beachte: Metallbohrer sollten ebenfalls nicht zum Bohren anderer Materialien verwendet werden.
19. **Schraubenzieher:** Zum Anziehen von Schrauben. In verschiedenen Größen erhältlich.
20. **Hammer:** Universalwerkzeug für jeden Heimwerker.
21. **Nagelhalter** (auch Hobby-Nagler): Zum exakten Führen von Nägeln geeignet. Die sogenannte Hobby-

22 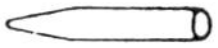

23 

24 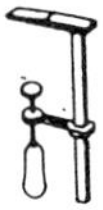

25 

26 

27 

28 

29 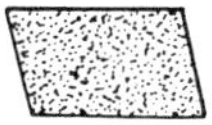

30 

Nagler haben ein Führungsprofil und Zielmagnete, die die paßgenaue Befestigung von Profilbrettkrallen besonders erleichtern.

22. Versenkstift: Zum Versenken von Nägeln, die nur leicht unter die Holzoberfläche getrieben werden sollen und zur Vermeidung von Beschädigungen des Holzes beim Nageln mit kleinen Nägeln.

23. Tacker: Zum Einschießen von Takkerklammern oder -stiften in Holz. Geeignetes Werkzeug für viele Befestigungen.

24. Schraubzwinge: Häufig werden beim Sägen oder Befestigen von Profilbrettern Schraubzwingen eingesetzt. Man sollte hierbei darauf achten, daß es durch zu festes Anziehen der Schraube nicht zu Beschädigungen des Holzes kommt. (Es ist ratsam eine Unterlage aus Holz zu benutzen).

25. Paneelzange: Ein sehr nützliches Werkzeug zum Verlegen von Profilbrettern und Paneelen. Die Zange wird auf die Latten der Unterkonstruktion geklemmt und hält die Profilbretter und Paneele während der Befestigung fest. Besonders wichtig, wenn man alleine Deckenverkleidungen anbringt.

26. Beißzange: Geeignet zum Ziehen von Nägeln und zum Durchbeißen von Drähten; ein vielseitiges Halte-, Greif- und Spannwerkzeug.

27. Gabelschlüssel: Sind in verschiedenen Größen und als Satz erhältlich. Sie dienen zum Festziehen von Kantschrauben.

28. Schraubklingeneinsatz: Zusatzgerät der Elektrobohrmaschine zum schnellen und sicheren Anziehen von Schrauben.

Werkzeuge zur Oberflächenbehandlung

29. Schleifpapier: In den verschiedensten Körnungen ist Schleifpapier wichtig zum Schleifen der Holzoberflächen. Grobschleifen: Körnung 80 – 120. Feinschleifen: Körnung 150 – 220.

30. Stechbeitel: Zum Einstemmen von Zapfenlöchern und zum Ausstemmen von Löchern aus Profilbrettern und Paneelen.

31 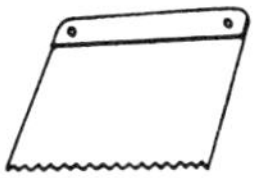

32 

33 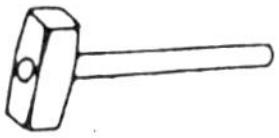

34 

35 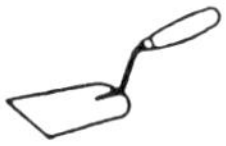

36 

37 

38 

39 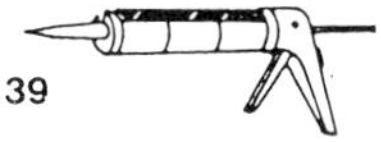

40 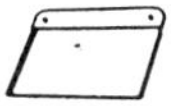

41 

42 

43 

44 

31. Zahnspachtel: Zum Auftragen von Klebern.

32. Anstreichrolle: Zum gleichmäßigen Auftragen von Farbe.

33. Fäustel: Einen Fäustel (oder einen anderen schweren Hammer) benötigen Sie immer dort, wo grobe Vorarbeiten (Entfernen von Mörtelresten, Durchbrechen einer Mauer usw.) notwendig sind.

34. Meißel: Zum Entfernen von Mörtelrest auf dem Unterboden, zum Anstemmen von Balkenlöchern, zum Vorbereiten der Stufenkanten von Steintreppen für die Verlegung von Bodenbelägen etc.

35. Glättkelle: Zum Ausgleichen unebener Unterböden mit Ausgleichspachtel oder Fließestrich.

36. Maurerkelle: Bei vielen Vorarbeiten, insbesondere bei Estricharbeiten benötigen Sie eine Maurerkelle.

37. Eimer: Zum Anmachen von Fließestrich, Spachtelmasse, pulverförmigen Klebern, usw. Der Eimer sollte einen kräftigen Henkel und einen verstärkten Rand haben.

38. Spachtel: Zum Auftragen und Glätten von Spachtelmasse beim Ausgleichen unebener Unterböden, zum Entfernen alter Lack- und Pflegemittelreste auf Unterböden etc.

39. Auspreßpistole: Zum Auspressen dauerelastischer Kitte (z. B. Silikonkautschuk), beim Abdichten von Fußbodenrändern und Dehnungsfugen geeignet.

40. Gummispachtel: Eignet sich zum Verfugen von Fliesen.

41. Maurerschnur: Sie dient dazu, möglichst gerade Mauern aufzuziehen.

42. Mörtelkelle für Gasbetonmörtel: Sie eignet sich zum Auftragen von Dünnbettmörtel zwischen den Gasbetonsteinen.

43. Gummihammer: Einen Gummihammer benötigen Sie zum Zurechtrücken und Anklopfen von Steinen aller Art.

44. Handstampfer: Nach dem Verfüllen mit Beton sorgt mehrfaches Aufstampfen mit dem Handstampfer dafür, daß sich keine Kiesnester bilden können.

1

2

3

Grundregeln des Innenausbaus

Hier stellen wir Ihnen kurz die wichtigsten Mittel und Materialien für den Selbstausbau von Dachgeschoß und Keller im Überblick vor und geben Ihnen einige Vorinformationen: Der Dachgeschoßausbau beginnt mit der entsprechenden **Isolierung.** Dämmstoffmaterial aus Mineralfaser in Platten- und Bahnenform verschiedener Dicke und Breite, auch aluminiumkaschiert, sind für den Selbstausbau geeignet. Die Verkleidung erfolgt mit Holz oder Gipsbauplatten.

Mit **Gipsbauplatten** aus Gipskarton oder Gipsfaser sind fast alle Ausbau- und Umbauarbeiten einfach zu bewerkstelligen. Man kann damit nicht nur Wände und Decken verkleiden, sondern in Ständerbauweise auch Wände einziehen. Die Platten werden in verschiedenen Stärken und Größen geliefert, auch als Feuerschutz- und Feuchtraumplatten. Gipsplatten sind auch als Verbundelemente mit Dämmstoffauflage und als Trockenunterboden (Estrich) im Handel.

Holz ist der wohl vielseitigste Baustoff für den Innenausbau. Bei fachgerechter Auswahl und richtigem Einsatz ist Holz der ideale Baustoff für Böden, Wände, Decken und für tragende Konstruktionen. Im Handel ist massive oder auf Trägermaterial auffurnierte Ware erhältlich. Unsere Abbildungen zeigen Ihnen, wie vielfältig Holz im Innenausbau einsetzbar ist (Abb. 1–6).

Fenster sind ein wesentliches Gestaltungselement eines jeden Raumes. Fertigfenster entsprechen durchweg den Wärmeschutzvorschriften durch Zwei- und Dreifachverglasung.

Türen für den Innenbereich gibt es in Norm- und Sondergrößen aus Holz, Metall und Kunststoff. Tür- und Fensterzargen befestigt man heute mit Montageschaum. Das geht schnell und hält zuverlässig.

Treppen für den Selbstausbau werden meist als Wendel- oder Spindeltreppe angeboten und sind aufgrund ihrer werkseits vorgefertigten Elemente im Baukastensystem leicht selbst aufzustellen und zu montieren.

Kachelöfen, Kaminöfen und **Kamine** im Bausatz werfen keine wesentlichen Probleme auf. Angesichts des vielfältigen Angebots sollten Sie sich vor dem Kauf allerdings eingehend beraten lassen.

Fußböden müssen die unterschiedlichsten Anforderungen erfüllen. Sie sollten gut aussehen, müssen strapazierfähig und pflegeleicht sein. Fußbodenbeläge gibt es aus Stein, Keramik, Holz, Textil, Kunststoff, und alle haben ihre speziellen Vor- und Nachteile. Deshalb sollte grundsätzlich ein den Gegebenheiten entsprechender Bodenbelag gewählt werden.

Küchen sind Feuchträume, und das muß beim Ausbau berücksichtigt werden. Am besten informiert man sich bei Küchenausstellungen eingehend über Funktion und Arbeitsabläufe sowie über Küchengeräte und -maschinen.

Badezimmer bedürfen eines besonderen Feuchtigkeitsschutzes an Boden und Wänden; darauf ist schon vor dem Verfliesen und dem Einbau der Sanitärelemente zu achten. Die Auswahl an Badeinrichtungen ist so groß, daß man sich unbedingt Ausstellungen und Musterbäder ansehen sollte, bevor man eine Entscheidung fällt und kauft.

Die **Vorausplanung** des Innenausbaues in Dachgeschoß und Keller ermöglicht eine genaue Übersicht über Kosten und Aufwand. Sie sollte immer schriftlich fixiert werden. Am besten legt man mehrspaltige Materiallisten an, um Preise vergleichend notieren zu können. Richtige Planung spart Zeit, Geld und Ärger!

Vorschriften und Gesetze sind auch beim Innenausbau besonders zu beachten. Das gilt beim Einbau von Heizanlagen wie beim Ausbau des Dachgeschosses und des Kellers. Kaminkehrer und Architekten geben gerne Auskunft. Bei der praktischen Umsetzung beraten auch die Fachleute des Baustoffhandels. Ihnen sind in der Regel sämtliche beim Selbstausbau anfallenden Probleme vertraut.

4

5

6

So werden Räume richtig geplant

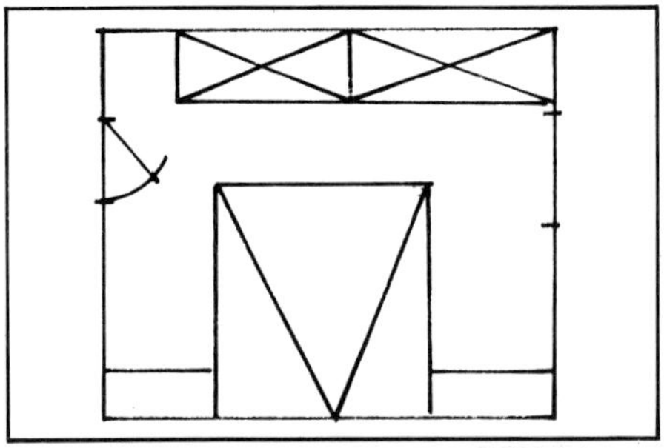
Schlafzimmer

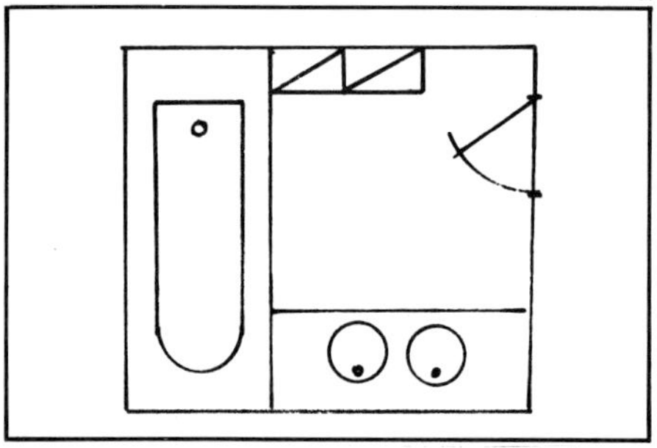
Badezimmer

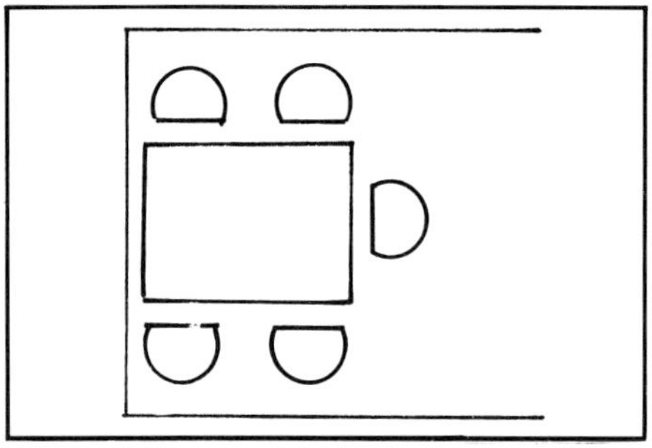
Eßecke

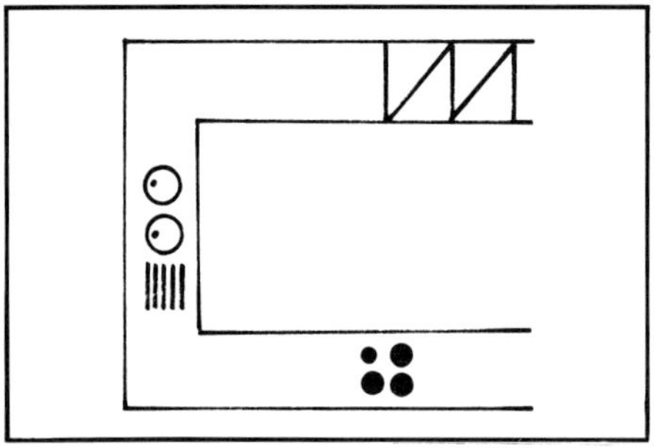
Einbauküche

Wenn Sie einen Raum einrichten oder abteilen wollen, müssen Sie weitreichende Planungen anstellen. Für welchen Zweck wollen Sie den Raum nutzen? Am besten schreiben Sie sich eine Wunschliste auf. Dann nehmen Sie Millimeterpapier und Bleistift sowie einen Radiergummi und ein Lineal – und los geht's!
Zeichnen Sie immer maßstabgerecht, also 1 cm ist 1 Meter (Maßstab 1:100) oder 2 cm sind 1 Meter (Maßstab 1:50). Zeichnen Sie lieber zu groß als zu klein, damit auch die Details wie Steckdosen etc. noch Platz haben. Wenn Sie professionell vorgehen wollen, dann verwenden Sie eine maßstabgerechte Symbolschablone. Sie erhalten sie in besseren Schreibwarengeschäften und sie ermöglicht sauberes Zeichnen.
Eine weitere gute Möglichkeit, ein Raumprogramm zu entwerfen, ergibt sich, wenn man alle Einrichtungselemente maßstabgetreu aufzeichnet und ausschneidet. So kann man innerhalb des Umrisses alle Möbel und Wände so lange hin- und herschieben, bis sich die zufriedenstellendste Lösung ergibt.
Ist die Planung abgeschlossen, wird die Materialbedarfsliste erstellt. Legen Sie die Liste entsprechend dem Arbeitsablauf an. Verzeichnen Sie zunächst die Grobarbeiten; Stemmen, Aufreißen, Mauern, Elektrik, Verputzen; dann folgen die Feinarbeiten: Fußböden legen, Wände streichen, Tapezieren, Leuchten anbringen, Möblieren. Zu den jeweiligen Hauptpunkten werden eigene Listen angelegt, auf denen die Materialien und die jeweils erforderlichen Mengen im einzelnen festgehalten werden. Im Zweifelsfall fragen Sie lieber einmal öfter den Fachmann, sei es den Architekten oder den Mann vom Baumarkt. Gute Beratung ist so wichtig; sie spart Geld, Ärger und Zeit!

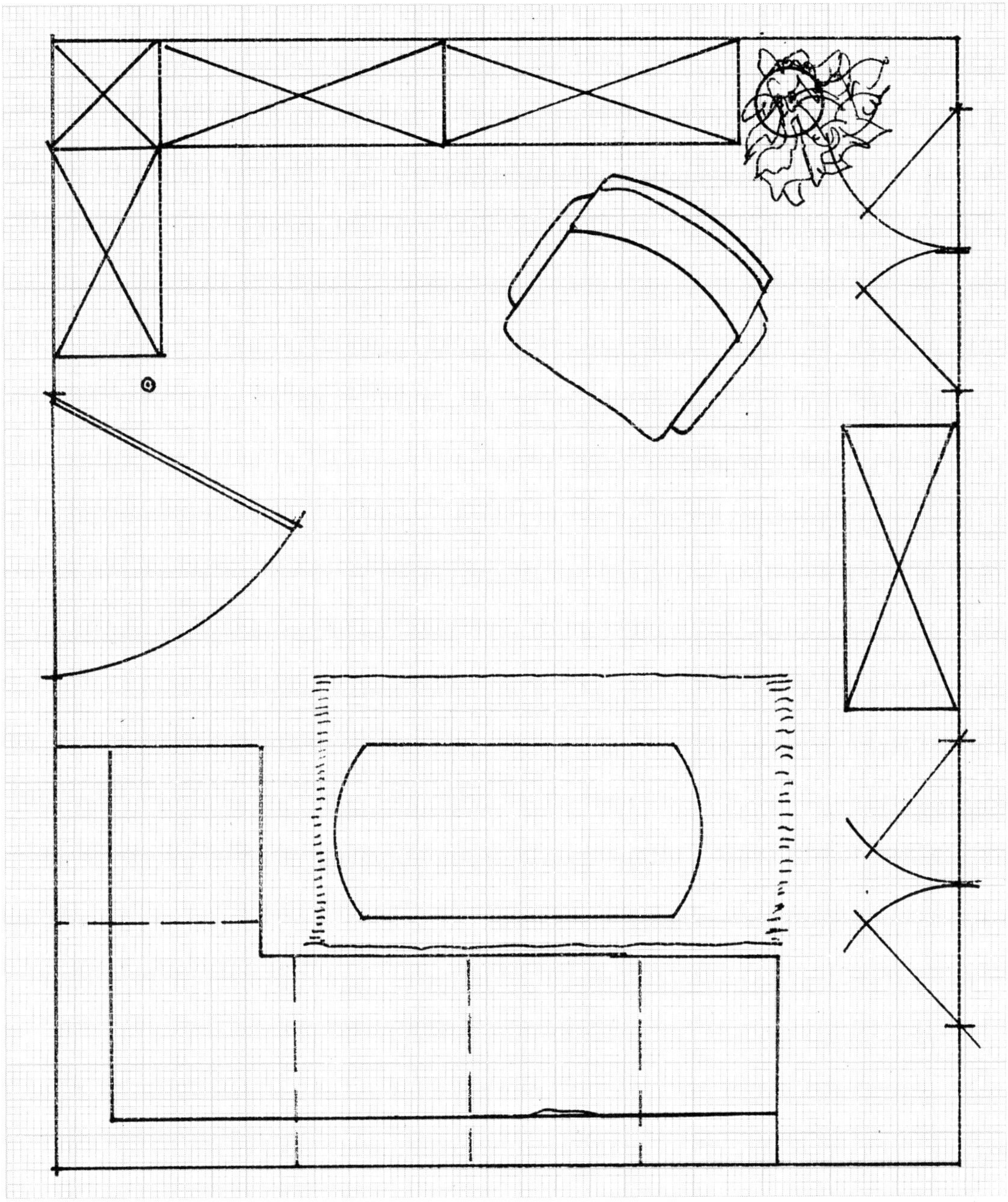

Wohnzimmer

1

2

3

4

So werden Wände und Böden trockengelegt

Im Neubau wie im Altbau gibt es verschiedene Möglichkeiten, Wände und Böden trockenzulegen. Besonders einfach, sicher und zugleich preiswert ist das Abdichten von Keller- und Naßräumen mittels einer **Dichtungsschlämme.** Hierbei handelt es sich meist um ein zementgebundenes Beschichtungsmittel, das sich sogar zum Isolieren von Schimmbädern eignet und daher bedenkenlos für Mauerwerk innen und außen verwendet werden kann. Die Beschichtung ist nach dem Aushärten zuverlässig **wassersperrend** und darüber hinaus auch **frostsicher.**

Vor der Anwendung der Dichtungsschlämme muß der Untergrund hinreichend eben, tragfähig, sauber und rißfrei sein. Er darf sich in Form und Lage nicht mehr verändern. Mürbe Schichten, Anstriche und Imprägnierungen sind durch Abbürsten oder durch Abschleifen zu entfernen. Ebenso sind nicht verfüllte Mauerwerksfugen sowie Ausbrüche in Beton oder Putz mit Zementmörtel auszubessern. Der Übergang zwischen Sohle und aufsteigendem Mauerwerk ist als Hohlkehle auszubilden, und sämtliche zu beschichtenden Flächen sind so vorzunässen, daß der Untergrund mattfeucht ist.

So wird die Dichtungsmasse bzw. Dichtungsschlämme verarbeitet:

1. Als erstes wird das pulverförmige Material in ein Mörtelgefäß mit Wasser eingestreut, dem zuvor ein Mörtelverbesserer beigemengt wurde.

2. Nun muß kräftig gerührt werden, damit ein streichfähiger Mörtel entsteht. Am besten nehmen Sie dazu eine elektrische Bohrmaschine und spannen einen Mörtelquirl ein. So rührt es sich leichter.

3. Die angerührte Dichtungsschlämme wird nun mit

einer Deckenbürste gleichmäßig aufgetragen, wobei Luftporenbildung zu vermeiden ist.

4. Dieser erste Anstrich sollte 1–2 mm dick sein. Mit der Bürste ist zügiges Arbeiten möglich, große Flächen sind schnell bewältigt. Dieser erste Anstrich wird Haftbeschichtung genannt. Sie dürfen ihn nicht antrocknen lassen, sondern müssen gleich die zweite Schicht, die sogenannte Deckbeschichtung, auftragen. Diese zweite und ggf. dritte Schicht kann entweder in streichbarer Konsistenz oder als spachtelbare Masse angemacht werden.

5.–6. Die streichbare Masse wird wie der Haftanstrich mit der Deckenbürste 1–2 mm dick aufgetragen.
Die spachtelbare Masse wird mit einer Stahlkelle, von unten nach oben, aufgezogen. Die Spachteldicke beträgt beim zweiten und dritten Auftrag etwa 2–4 mm Schichtdicke. **Wichtig:** Nicht anziehen lassen!

7. Zur Ausbildung einer Hohlkehle zwischen Sohle und Wand wird die Spachtelmasse aufgebracht und mit einer Bierflasche zur Hohlkehle geformt. Das ist ein sehr gebräuchlicher Trick der Maurer.

8. Nach dem Anziehen der letzten Beschichtungslage wird die Oberfläche mit einer nassen Deckenbürste oder mit einem feuchten Filzbrett zugeschlämmt. Wichtig für die Nachbehandlung der verschlämmten Flächen ist, daß sie während der ersten 36 Stunden feucht gehalten werden. Das macht man am einfachsten mit der nassen Deckenbürste. Außerdem ist die frische Beschichtung unbedingt vor Frost zu schützen.

Ein Tip: Die Haftschlämme wird üblicherweise ganz einfach nur mit Wasser angerührt. Es gibt aber Sonderfälle, wie z. B. sehr glattgeschalten Beton oder auch stark saugende Untergründe. Diese müssen unbedingt vorbehandelt werden. Dafür ist kein eigener Arbeitsgang notwendig. Es genügt, den zum Produkt passenden Mörtelverbesserer, entsprechend der Gebrauchsanweisung, der ersten Beschichtungslage zuzugeben. Dadurch wird die Haftschlämme verbessert. Für die Bearbeitung kleiner Flächen werden selbstverständlich auch kleine Mengen von Dichtungsschlämme in Pulverform angeboten.

5

6

7

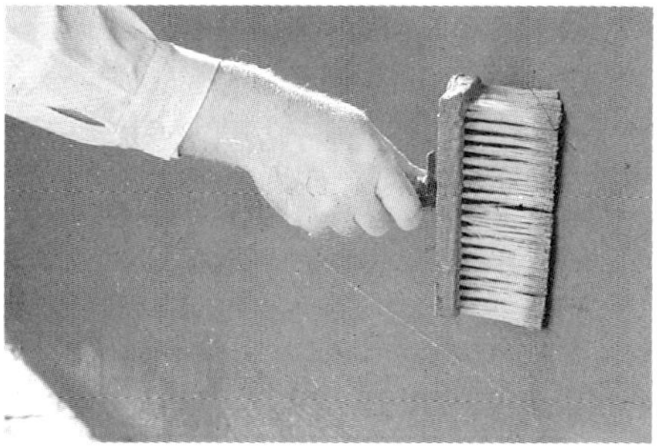
8

1

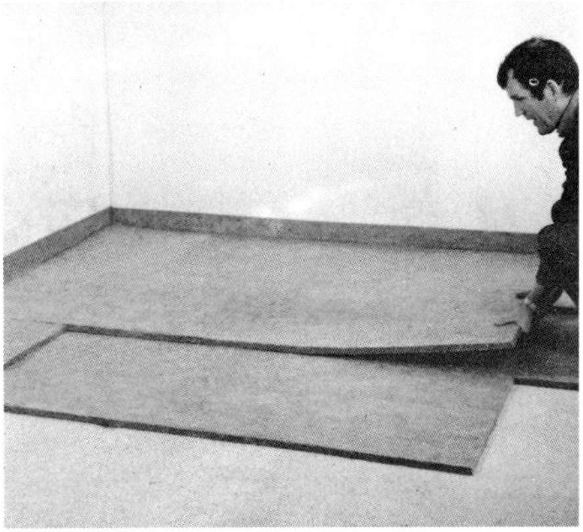
2

3

So schützen Sie Ihren Keller vor Wärmeverlusten

Wärmedämmung im Keller beginnt mit der Dämmung des Fußbodens, dann folgen Wände und Decken.
Soll der Fußboden gedämmt werden und handelt es sich dabei um einen Rohboden, so beginnt man zuerst mit der Reinigung. Feste Beton- und Mörtelreste sind zu entfernen. Dann wird die Ebenheit des Rohbodens überprüft. Ist diese zufriedenstellend, können Sie mit der Arbeit anfangen.

1. Man beginnt mit dem Aufstellen von mindestens 10 cm dicken Randdämmstreifen aus Mineralfilz entlang der Mauern.

2. Dann folgt das Verlegen der Dämmstoffplatten im Raum. Diese werden in zwei Schichten und zueinander versetzt – also „im Verbund" – verlegt und anschließend dicht gestoßen.

3. Die Dämmstoffplatten sind mit Bitumenpapier (mind. 200g/m^2) abzudecken. Wichtig ist, daß die Betumenpapierbahnen an den Wänden hochgezogen werden – so hoch wie der Randdämmstreifen –, und daß die Bahnen sich mindestens 10 cm überlappen. Freiliegende Folien sind als Abdeckung nicht geeignet. Zusätzlich ist darauf zu achten, daß während des Verlegens keine Löcher in die Bitumenbahnen gestoßen werden. Ist dies versehentlich geschehen, so muß nachgebessert werden. Dazu legt man ein so großes Stück Bitumenpappe über die Stelle, daß das Loch großzügig abgedeckt wird.

4. Nun wird der Estrich angemischt und aufgebracht. Vorzüglich eignet sich für den Selbstausbau der sogenannte **Fließestrich.** Dieser Fließestrich, den es sackweise zu kaufen gibt, muß nur noch mit Wasser angerührt und auf den Bitumenbahnen in Richtung der Überlappung des Bitumenpapiers vergossen werden.

Fließestrich eignet sich ganz besonders auch für Fußbodenheizungen, da er im flüssigen Zustand die einzelnen Rohrleitungen von selbst dicht umfließt und umschließt und dadurch eine optimale Wärmeleistung gewährleistet.

5. Schließlich ist der Estrich im ganzen Raum ausgebracht. Herkömmlicher Betonestrich wird mit Pumpe oder Schaufel aufgebracht, mit einer Abziehlatte abgezogen und mit Reibebrett und Glättkelle glattgezogen. Fließestrich verläuft von selbst und wird dabei nur leicht mit der Kelle unterstützt.

Diese Verlegung auf Dämmstoffen nennt man „schwimmender Estrich", da keine direkte Verbindung zu Boden und Wand besteht.

6. Nun kann verfliest, Holz- oder Teppichboden verlegt werden. Selbstverständlich kann der Fußboden im Kellerbereich auch mit **Trockenestrich** und **Verbundplatten** gedämmt werden. Das hat den Vorteil, daß keine Feuchtigkeit in den Bau kommt. Der Einbau ist daher auch witterungsunabhängig. Als erstes werden Randdämmstreifen entlang der Wände am Boden aufgestellt. Dann wird eine PE-Folie als Feuchtigkeitsschutz im ganzen Raum ausgelegt. Darauf wird Trokkenschüttung, das sind z. B. beschichtete Styroporkugeln, aufgebracht. Auf diese Schüttung werden die mit Nut und Feder versehenen Trockenunterbodenelemente aufgelegt. Nachdem Sie die Feder sorgfältig mit Klebstoff bestrichen haben, stoßen Sie die Platten zusammen. Auf diese Dämmschicht können Sie nun schon den Fußbodenbelag ausbreiten.

In Feuchträumen ist der Belag aus Trockenestrichplatten mit einem Zwei-Komponenten-Kleber als Feuchtigkeitssperre zu beschichten, bevor mit dem Verfliesen des Fußbodens begonnen wird. Die zwangsläufig entstehende Fuge zwischen Wand- und Bodenfliesen müssen Sie unbedingt mit einer Silikondichtungsmasse dauerelastisch abdichten.

Zum Isolieren und Dämmen von Wänden empfehlen sich insbesondere Verbundelemente aus Dämmstoff und Gipsbauplatten, die mit Baukleber einfach Stoß an Stoß an die Wand geklebt werden.

4

5

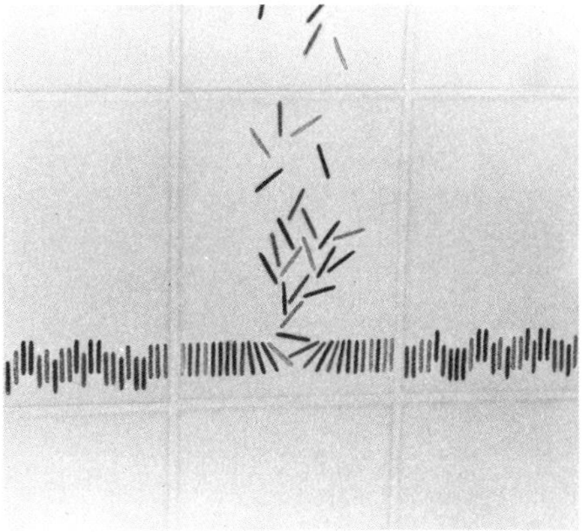

6

1

2

3

So dämmen Sie Ihr Dachgeschoß

Mit der neuen Wärmeschutzverordnung vom März 1982 sind die Anforderungen an den energiesparenden Wärmeschutz bei Gebäuden um bis zu 25 Prozent erhöht worden. Dies muß beim Ausbau beachtet werden. Es empfiehlt sich aber ohnehin, denn wer will schon sein Geld zum Fenster hinausheizen und in seinem Heim frieren.

Für den zügigen Ausbau des Dachgeschosses mit **Wärme-Dämmelementen** hält die Industrie über den Baustoffhandel eine große Angebotspalette bereit. Fast alle angebotenen Dämmstoffe sind auch für den Selbstausbau geeignet, und es bedarf keines besonderen Geschicks, den Ausbau auch selbst durchzuführen. Lassen Sie sich von den Fachleuten des Handels eingehend über die verschiedenen Dämmaterialien beraten, als da sind:

Mineralfaserfilz mit aufkaschierter Alufolie und beidseitig verstärkten Randleisten zur einfachen Befestigung an Sparren oder Kanthölzern. Sie werden in verschiedenen Dicken angeboten und können auch mit besonders reißfester Alu-Gitterfolie beklebt sein.

Mineralfaser-Dämmplatten für leichte Trennwände und abgehängte Decken sowie spezielle Trennwandplatten für feuerhemmende, nichttragende Wände.

Schallschluckplatten und **Dämmplatten in Keilform** sowie **lose Mineralwolle** in Säcken.

Polystyrol-Dämmstoffplatten, die verschieden einsetzbar und leicht einzubauen sind, haben meist Nut und Feder. Sie sind wahlweise mit eingearbeiteten Teilungsschlitzen zum leichten Einpassen zwischen die Sparren versehen.

Isolierschüttung mit Dämmstoffkörnern, die sich besonders zum Ausgleich sehr unebener Böden anbie-

tet. Die Dämmstoffkörnung wird einfach auf den auszugleichenden und zu dämmenden Boden ausgeschüttet, glattgezogen und mit Pappe sowie Trockenestrichplatten bedeckt.
Hervorragend geeignet für die Wärmedämmung des Dachgeschosses im Selbstausbau ist Mineralfaser-Filz mit aufkaschierter Alufolie in Rollenform. Die Folien gibt es mit verstärkten Randleisten zum leichteren Befestigen an den Sparren mittels Tacker oder natürlich auch mit Nägeln.

Und so gehen sie vor:

1. Dämmaterial ausrollen, Sparrenabstände und Längen ausmessen. Beim Zuschnitt der Bahnen auf die Breitenzugabe (je nach Hersteller) achten. Links und rechts der Bahn Hilfsklammern zur Längenfixierung setzen und zuschneiden.

2. Klammernhalter an die Sparren nageln. Die Isolierbahn am Anfang antackern und die Hilfsklammern setzen. Diese halten die Folie nahe den Sparren, so daß beide Hände zum Halten und Tackern frei bleiben.

3. Nun die Klammern immer weiter nach unten setzen und nachtackern, bis die erste Bahn auf den Sparren fixiert ist. So geht es weiter: Ausmessen, Zuschneiden, Antackern, Klammern, Fixieren . . .

4. Ist auf diese Art und Weise der ganze Dachraum einschließlich der Decke mit alukaschiertem Mineralfaserfilz verkleidet, beginnt die Abschlußarbeit. Die sich überlappenden Alubahnen werden im Bereich der Sparren mit Alu-Klebeband gut abgedichtet. Einfach ansetzen, ausrollen, anstreifen und abschneiden. Arbeiten Sie sorgfältig, dann wird ungewollter Luftaustausch (Kältebrücken!) verhindert. Nun können Sie mit dem Verkleiden beginnen.

Eine andere Methode eignet sich genauso vorzüglich für die Dachdämmung: Die Isolierung mit den sogenannten **Dämmkeilen.** Hierbei handelt es sich um Mineralfaserdämmplatten, die im Gegensatz zur Bahnenware in sich stabil sind. Diese Keile werden zur Anpassung an die Sparrenabstände einfach gegeneinander verschoben, bis sich das Sparrenmaß ergibt. Das überstehende Material wird abgeschnitten.

4

5

6

7

8

9

5. Als erstes müssen Sie die Abstände zwischen den Sparren ermitteln.

6. Anschließend legen Sie den ersten Keil am Boden auf, den zweiten solange an den diagonalen Kanten verschieben, bis sich die gewünschte Breite ergibt. Achten Sie dabei auf die vom Hersteller vorgeschriebenen Breitenzugaben! Dann mit einem langen Messer – Spezialmesser sind im Baustoffhandel erhältlich – die überstehenden Spitzen abschneiden. Das erste Keilpaar ist fertig und kann verarbeitet werden.

7. Den ersten Keil einsetzen und darauf achten, daß seine Längskante mit der Sparrenvorderseite abschließt. Dann den zweiten Keil mit der Spitze nach unten einpassen.

8. Auf die Abschlußkante des Dämmkeils ein Brett legen und mit kräftigen Faustschlägen die Keile ineinander treiben, damit sie fest mit den Sparren abschließen und kein Spalt bleibt.

9. So werden die Keile paarweise gesetzt; dabei müssen Sie unbedingt auf bündigen Abschluß mit den Sparren und auf genügende Hinterlüftung zur Außenseite hin achten.

10. Ist nun der ganze Dachraum „verkeilt", wird zum Abschluß wieder eine Aluminiumfolie aufgetackert. Bewährt hat sich dabei die bahnenweise Verarbeitung in waagerechter Richtung. Erst die Bahn mit wenigen Klammern fixieren. Dann an jedem Sparren mehrmals antackern. Anschließend nicht vergessen, über den Stößen der Alubahnen das abdichtende Alu-Klebeband anzubringen.

11. Vergessen Sie nicht, auch die Abseitenräume gut zu dämmen. Denken Sie daran, daß gut gedämmte Abseitenräume die notwendige Ergänzung zum Wärmeschutz der Dachschräge darstellen.

12. Dämmen Sie auch den Boden dieser Räume sorgfältig, so haben Sie außer der Energie- und Heizkostenersparnis den Vorteil, daß die darunterliegende Zimmerdecke warm und trocken bleibt. Es genügt bei ausreichender Dämmstoffstärke, Boden und Wand im Drempelraum einlagig zu dämmen. Bei dünneren Dämmplatten arbeitet man besser zweilagig.

Zur **Berechnung der Menge** des Dämmaterials messen Sie die zu dämmenden Wand-, Decken- und Bodenflächen aus und errechnen Sie die benötigten Quadratmeter. Veranschlagen Sie lieber etwas zu viel, denn als zweite Lage kann das überschüssige Material immer verwendet werden. Hier noch einige allgemeine Überlegungen zum Dichten und Dämmen. Häuser verbrauchen die zugeführte Energie in Form von Wärme auf drei verschiedene Arten:

- Transmissionsverluste – das sind die Wärmemengen, die durch die Bauteile hindurch verlorengehen. Mit entsprechender Dämmung vermeidet man diesen kostspieligen Verlust.
- Lüftungsverluste – hierbei handelt es sich um Wärmemengen, die durch Fenster, Türen und Fugen verloren gehen. Hier hilft gründliches Dichten.
- Umwandlungsverluste der Heizung – sie werden durch alte Heizanlagen, schlecht eingestellte Brenner etc. verursacht. Hier bedarf es einer Neuanschaffung oder der Justierung des Brenners.

Bei einem freistehenden Einfamilienhaus sieht die Wärmeverlustbilanz so aus: Durch den Kamin entweichen 32 Prozent, durch Dach und Wände je 17 Prozent, durch Keller und Fugen je 7 Prozent und durch die Fenster schließlich 20 Prozent. Oberster Grundsatz muß also sein; Eine möglichst hohe Heizkostenersparnis bei wirtschaftlich noch vertretbaren Ausgaben für Wärmeschutzmaßnahmen. Waren früher doppelt verglaste Fenster aufgrund des Heizölpreises von ca. 35 Pfennig ausreichend so empfiehlt es sich heute bei einem mehr als doppelt so hohen Ölpreis, Dreifachverglasungen oder ebenfalls angebotene Spezialverglasungen mit erhöhten Dämmwerten einzubauen. Wichtig dabei ist, nicht nur den Wärmedämmwert der Verglasung zu erhöhen, sondern auch den des Fensterrahmens.

Bei der Vielzahl der qualitativ hochwertigen Dämmstoffe sowie deren verarbeitungsfreundlichen Maßen und Gewichten, ist es für uns heute wirklich leicht geworden, unser Heim selbst auszubauen, zu dämmen und damit behaglicher und wärmer zu gestalten.

10

11

12

1

2

3

So wird gemauert

Mauersteine gibt es in den verschiedensten Formaten und Materialien. Die am häufigsten verwendeten Bausteine sind Kalksandsteine, Leichtbeton-Hohlblocksteine bzw. Vollsteine aus Bims, Hüttenbims, Schlacke, Blähton, Ziegelsplitt, Gasbeton und Leichtziegel. Für den Innenausbau kommen in erster Linie nichttragende Wände und Raumteiler in Frage. Deshalb empfiehlt es sich, Steine und Formate so zu wählen, damit möglichst einfach und schnell gemauert werden kann.

Wenn Sie Gasbetonbausteine verwenden wollen, empfiehlt sich die Benutzung von passendem Dünnbettmörtel, den es bereits fertig im Baustoffhandel gibt. Dieser braucht nur noch im richtigen Verhältnis mit Wasser angerührt zu werden, danach ist er verarbeitungsfähig.

1. Nachdem die Statik des Fußbodens geprüft und der Mauer-Riß angezeichnet wurde, wird mit der Plankelle der Dünnbettmörtel auf den sauberen, ebenen Boden aufgetragen. Dann werden die Steine mit Wasserwaage und Richtschnur entlang der angezeichneten Linie ins Mörtelbett gesetzt. Maßgenaues Zuschneiden ist mit einem alten Fuchsschwanz oder einer Gasbetonsäge ganz leicht. Stoß- und Lagerfuge werden mit Mörtel versehen.

2. Ist die erste Reihe gesetzt, kann die nächste schon darauf gebaut werden, wobei darauf zu achten ist, daß die Mindestüberdeckung der Stoßfugen 10 cm beträgt und Unebenheiten mit einem Schleifbrettchen ausgeglichen werden. Stoß- und Lagerfuge müssen stets mittels Mörtelkelle mit Mörtel versehen werden.

3. So wird zügig Reihe auf Reihe gesetzt, bis das Werk vollendet ist.

So wird verputzt

Wände kann man besonders attraktiv mit **Reibeputz** oder **Rollputz** gestalten. Hierbei handelt es sich um eine neue Putzlinie, die sich vor allen Dingen durch hohen Weißgrad, leichte Verarbeitbarkeit und große Haltbarkeit auszeichnet. Der Putz haftet sicher, ist sehr widerstandsfähig, bildet keine Schwundrisse, ist alterungsbeständig, lichtecht und leicht aufzutragen.
Rollputz wird mit der Rolle strukturiert. Um Reibeputz aufzutragen, muß der Untergrund tragfähig, rißfrei, sauber und trocken sein. Die Dispersionsfarbe wird vorher abgewaschen; anschließend trocknen lassen. Ölfarbenanstriche werden angeschliffen. Reibeputz wird folgendermaßen verarbeitet: Den Reibeputz gründlich durchrühren, am besten mit einem Rührvorsatz zur elektrischen Bohrmaschine. **Wichtig:** Langsam durchrühren.

1. Der Reibeputz wird mit einer Glättkelle in Kornstärke aufgetragen und innerhalb von ca. 20 Minuten strukturiert. Die Struktur ergibt sich durch Reiben – senkrecht, waagrecht, diagonal oder im Kreise, so wie es Ihnen am besten gefällt – z. B. mit einem Reibebrett, einem Kunststoffglätter oder einer speziellen Plexiglasscheibe. Fenster, Türen und Fußböden werden vorher gut abgedeckt bzw. abgeklebt.

2. Nach dem Auftragen wird der Putz mit der Kelle auf Kornstärke abgezogen und kräftig gerieben.

3. Der Putz haftet sofort, da fällt fast nichts auf den Boden. Schnell hat man die nötige Routine, und die Arbeit geht einem sehr leicht von der Hand.

Noch ein Tip: Eine spezielle Grundierung ist notwendig bei Kalk- und Zementputz, Beton, Gipsputz, Gipskartonplatten, Farbanstrichen und insbesondere bei dunklem Untergrund.

1

2

3

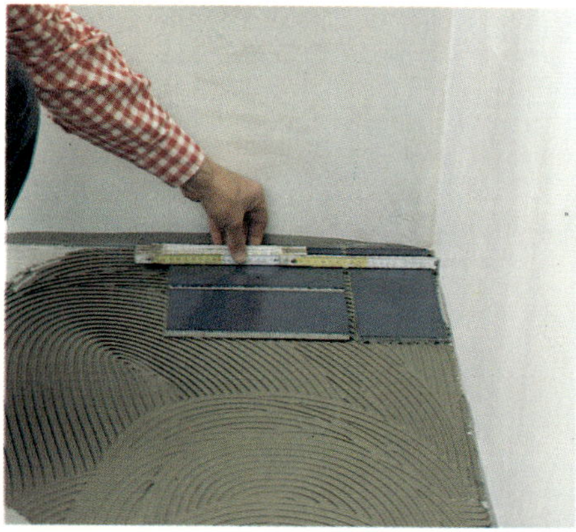

1

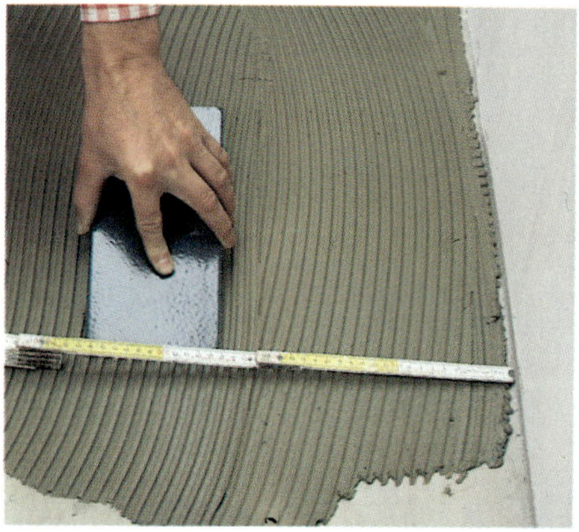

2

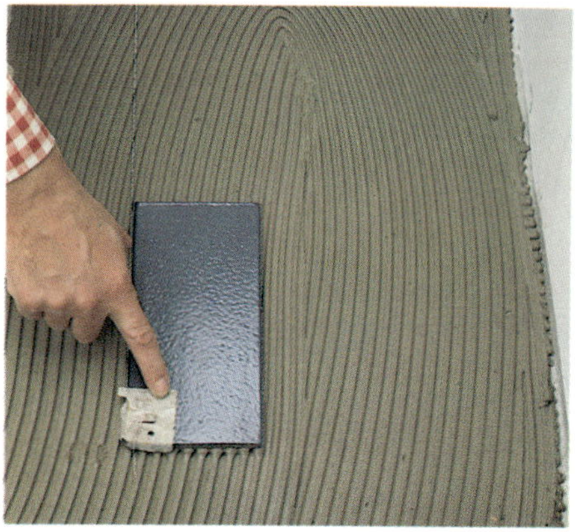

3

So kleben Sie Fliesen richtig

Wer Fliesen sicher und preiswert verlegen will, der sollte zu einem **zementgebundenen Sicherheitskleber** greifen. Dieser Kleber ist unbrennbar, wasserfest, frostbeständig und außerdem sehr vielseitig als Bauklebstoff zu verwenden. Achten Sie darauf, daß der Kleber asbestfaserfrei ist. Nach dem Anrühren mit Wasser ist der zementgebundene Sicherheitskleber sehr geschmeidig und leicht zu verarbeiten. Mit Sicherheitskleber können Sie zuverlässig Fliesen, Platten aus Steingut und Steinzeug, Leichtbauplatten, Glasfaser-und Mineralfasermatten auf Beton, Putz, Gasbeton und Mauerwerk kleben.

Als geeignete Anwendungsgebiete für diesen Kleber kommen Wohnräume, Badezimmer, Duschecken, Balkone und Fassaden in Frage.

Bevor man ans Verlegen der Fliesen geht, muß der Untergrund vorbereitet werden. Er muß eben, tragfähig und sauber sein. Mürbe Schichten müssen abgeschliffen oder abgebürstet werden. Unebenheiten bis zu 10 mm lassen sich mit dem Kleber ausgleichen. Bei neuen Betonböden und -wänden ist darauf zu achten, daß das Schwinden abgeklungen ist. Als Richtwert gelten 6 Monate Wartezeit. Dann erst dürfen sie mit zementgebundenem Sicherheitskleber verfliest werden. Kürzere Wartezeiten von ein bis zwei Monaten sind zulässig, wenn dem Klebstoff eine spezielle Kunststoffdispersion beigemischt wird. Zementestriche sollte man 3–4 Wochen erhärten lassen. Putze sollten vor dem Verkleben lufttrocken sein.

Nachdem die zu verfliesende Fläche berechnet worden ist, werden entsprechend viele Quadratmeter Fliesen zuzüglich einer Sicherheitsmenge für Bruch und Schnitt und die dazugehörige Menge Sicherheitskleber eingekauft. Welchen Klebstoff man verwendet, hängt natürlich auch vom Einsatzort ab.

So gehen Sie vor:

Den Klebstoff unter kräftigem Umrühren in Wasser einmischen, so daß ein dicker pastoser Mörtel entsteht. Nach Anweisung reifen lassen. Beginnen Sie in einer Ecke. Tragen Sie den Kleber mit der Zahnkelle abschnittweise auf.

1. Schieben Sie die ersten Fliesen in einem Verlegemuster Ihrer Wahl ins Klebebett. Messen Sie mit dem Meterstab von der Wand bis zur Fliesenkante.

2. Übertragen Sie dieses Maß auf die andere Seite. Drücken Sie hier eine Fliese in den Kleber im gemessenen Abstand.

3. Ausgehend von den Fliesen im Eck spannen Sie nun eine Eckschnur zu dieser Fliese.

4. Nun kann man die Fliesen entlang der Eckenschnur maßgenau verkleben. Achten Sie auf exakte Abstände. Die Fliesen unmittelbar an der Wand werden als letzte dieses Abschnitts eingepaßt.

5. So schiebt man Fliese für Fliese in das Klebstoffbett und klopft sie mit dem Gummihammer an. Schlagen Sie nur sehr vorsichtig auf die Fliesen, damit sie nicht brechen oder die Oberfläche beschädigt wird.

6. Das hier gezeigte Verlegemuster besteht aus sechs Fliesen. Diese wurden paarweise versetzt zueinander angeordnet.

Nachdem Sie den ersten Abschnitt verklebt haben, beginnen Sie mit dem Verlegen der Fliesen wiederum an der Eckseite. Anschließend nehmen Sie erneut Maß und fahren fort, wie es oben beschrieben wurde. Sie sollten unbedingt die Angaben des Herstellers zur Verarbeitungszeit des Klebstoffes berücksichtigen. Sie darf keinesfalls überschritten werden, da die Fliesen sonst nicht haften. Stellen Sie daher eine ungefähre Berechnung der Fläche an, die Sie während der vorgegebenen Zeitspanne verlegen können und tragen Sie nur die entsprechende Menge Kleber auf. Nach dem Aushärten des Fliesenklebers, also nach ungefähr zwei Tagen, kann dann mit dem Verfugen begonnen werden.

4

5

6

1

2

3

So verfugen Sie Klinker und Fliesen

Moderne Keramik verlangt farbige Fugen. Zu den modernen, meist farbigen Fliesen paßt die eintönige weiße oder graue Verfugung nicht mehr. Die Palette bunter Fugenmörtel entspricht den Farbserien der keramischen Industrie.

Mit dem Verfugen kann erst begonnen werden, wenn der Fliesenklebstoff erhärtet ist. Als Richtwert für Klebstoffe sind 3 Tage anzunehmen. Die Fugen müssen sauber, staubfrei und gleichmäßig tief sein; in die Fugen gedrückter Mörtel oder Klebstoff wird ausgekratzt; der Fugenmörtel wird entsprechend der Gebrauchsanweisung angerührt.

1. Der Fugenmörtel wird mit einer Gummispachtel von unten nach oben – und zwar schräg zum Fugenverlauf – in die Fugen eingearbeitet, bis diese völlig ausgefüllt sind.

2. Sobald der Mörtel in den Fugen matt wird, den Plattenbelag den Fugen entlang von unten nach oben mit einem feuchten Schwamm reinigen. Sobald der Mörtel aus der Fuge nicht mehr auswaschbar ist, müssen Sie die Reinigung wiederholen. Mit einem trockenen Tuch wird nachpoliert. Die Arbeitsgeräte werden nach Gebrauch sofort mit Wasser gereinigt. Der Belag wird am nächsten Tag nochmals gründlich nachgenäßt. Dies ist bei saugfähigen Untergründen wichtig.

3. Fliesen, Klinker, Natursteinplatten etc. lassen sich in der beschriebenen Weise verfugen. Bis zu ca. 2 Wochen nach dem Verfugen sollten Sie die Fliesen nur mit Leitungswasser reinigen, danach können Sie auch Haushaltsreiniger verwenden.

Eine wichtige Anmerkung zum Schluß:

Rand- und Dehnungsfugen sollten dauerelastisch mit Silikon-Fugendichtung geschlossen werden.

So wird eine öldichte Wanne hergestellt

Für die Lagerung von Heizöl gibt es genaue Vorschriften. Sie betreffen vor allem den Anstrich des Lagerraums und die Auffangwanne. Risse und Bewegungsfugen sind in diesem Bereich unzulässig.
Der Übergang zwischen Wand und Sohle muß als Hohlkehle ausgebildet sein. Rohrdurchführungen sind fachgerecht zu ummauern. Estrich und Putz müssen sehr fest auf den tragenden Bauteilen haften und nicht mit der Stahlkelle, sondern mit dem Holzbrett geglättet werden. Estrich und Putz müssen vor der Beschichtung mindestens 28 Tage erhärten. Die Oberfläche muß absolut dicht, sauber, eben, trocken und tragfähig sein.
Sind alle diese Anforderungen erfüllt, darf die ölfeste Beschichtung aufgebracht werden – und zwar in drei Schichten.

1. Als Voranstrich im Verhältnis 1:1 verdünnt, wird der Schutzanstrich in den Untergrund mit einer Deckenbürste eingebürstet. Verwenden Sie hellen Anstrich.

2. Diese Grundierung läßt man ca. 24 Stunden lang durchtrocknen.

3. Sind die 24 Stunden verstrichen, kommt der zweite Anstrich in Originalkonsistenz – also unverdünnt. Dieser hat einen anderen Farbton als der Grundanstrich. Dadurch ist leicht zu erkennen, welche Flächen schon beschichtet sind und welche noch bearbeitet werden müssen. Auch dieser Anstrich muß wieder einen Tag durchtrocknen.

4. Als abschließenden Deckanstrich verwenden Sie nun wieder hellen Schutzanstrich in unverdünnter Originalkonsistenz. Sauber arbeiten! Vor der Belastung muß die ganze Schicht mindestens sieben Tage durchtrocknen!

1

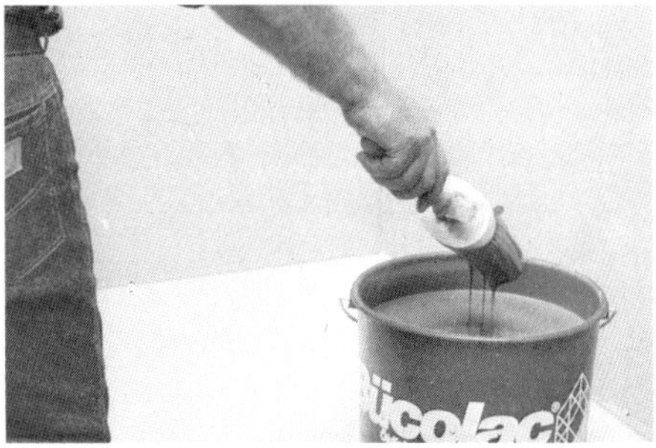
2

3

4

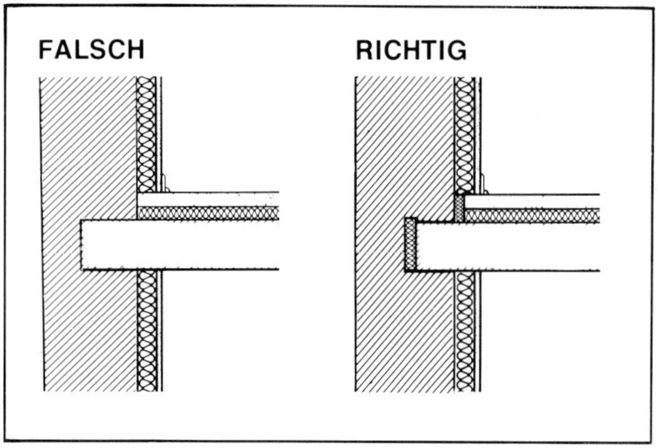

1

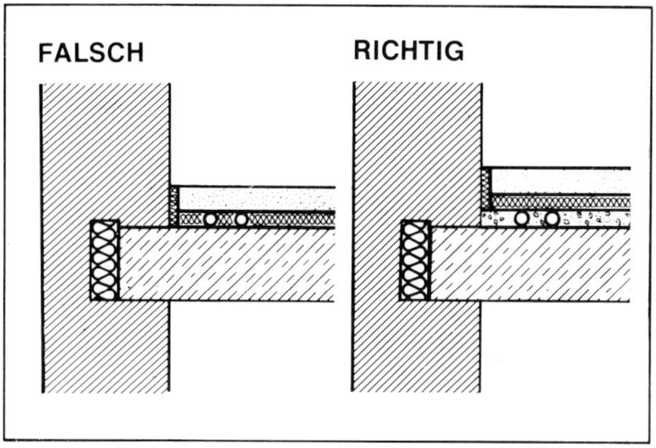

2

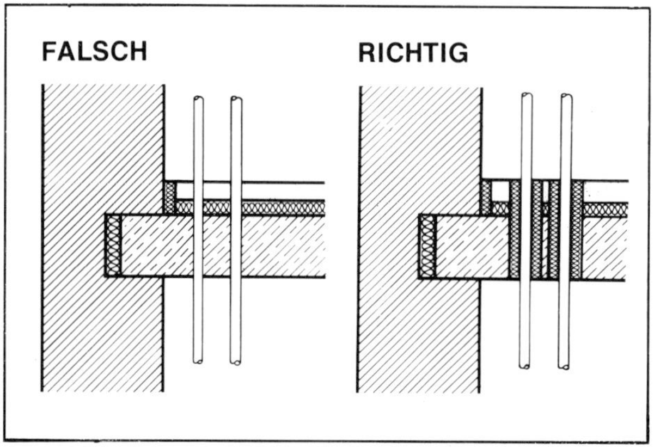

3

So legen Sie den Fußbodenaufbau fest

Nur der richtige Fußbodenaufbau gewährleistet eine einwandfreie Dämmung gegen Schall und Wärmeverluste. Deshalb ist beim Einbau eines Fußbodens bzw. bei dessen Dämmung sehr exakt auf den bautechnisch richtigen Aufbau zu achten.

1. Beim Abschluß von Wand und Decke ist auf exakt verlegte Dämmstreifen entlang der Ränder zu achten, vor allem auch im Bereich des Auflagers. Der richtige Einbau von Filzpappe zwischen Decke und Mauerwerk verhindert Wärmebrücken und Schallübertragungen.

2. Befinden sich Installationsrohre unter dem schwimmenden Estrich, so müssen diese nicht in, sondern unter der Dämmschicht gelagert sein.

3. Werden Heizungs- oder Wasserrohre durch Deckendurchbrüche geführt, so müssen sie mit Dämmstoff ummantelt werden.

Fußbodenkonstruktionen müssen der Wärmeschutzverordnung entsprechen. Der Standardaufbau eines Fußbodens sieht demnach so aus:

4. Auf der Betondecke werden Trittschalldämmplatten ausgelegt. Dann werden Randdämmstreifen aufgestellt. Darüber bringt man Dämmstoffplatten an. Diese werden mit Plane oder Folie abgedeckt, die an den Rändern hochgezogen wird. Jetzt kann der Estrich auf dem Boden ausgebracht werden. Diese Konstruktion nennt man einen „schwimmenden Estrich", da er keine feste Verbindung mit dem Unterboden hat.

Achtung: Bei Dämmschichtdicken über 40 mm können wegen der Zusammendrückbarkeit der Dämmstoffe größere Estrichdicken erforderlich werden.

5. Sollen elektrische Fußbodenheizungselemente im Estrich verlegt werden, so wird folgender Fußbodenaufbau empfohlen: Auf der Betondecke werden Trittschalldämmplatten verlegt mit Randdämmstreifen ringsherum, die bis über die Oberkante des Heizestrichs reichen. Dann wird die Dampfsperre ausgelegt und eine mindestens 35 mm dicke Estrichschicht aufgebracht. Auf dieser Schicht werden die Heizelemente fixiert und in eine mindestens 20 mm dicke Heizestrichschicht eingegossen. Auf dem Estrich können dann der Fußbodenbelag verlegt und die Sockelleisten angebracht werden.

6. Handelt es sich um eine Warmwasser-Fußbodenheizung, so ist der Fußbodenaufbau identisch mit dem für eine elektrische Heizung, nur muß die Estrichschicht mindestens 65 mm dick sein. Außerdem müssen die Heizrohre etwa in der Estrichmitte eingegossen werden, weil sie trittempfindlicher sind. Abschließend werden wieder der geeignete Fußbodenbelag aufgebracht und die Sockelleisten befestigt.

(Bedeutung der Ziffern in den Zeichnungen: 1 – Sockelleiste, 2 – Randstreifen, 3 – elastischer oder textiler Belag, 4 – Heizelemente, 5 – Estrich, 6 – Abdeckung, 7 – Trittschalldämmplatten, 8 – Betondecke, 9 – Heizrohr, 10 – Dämmplatten).

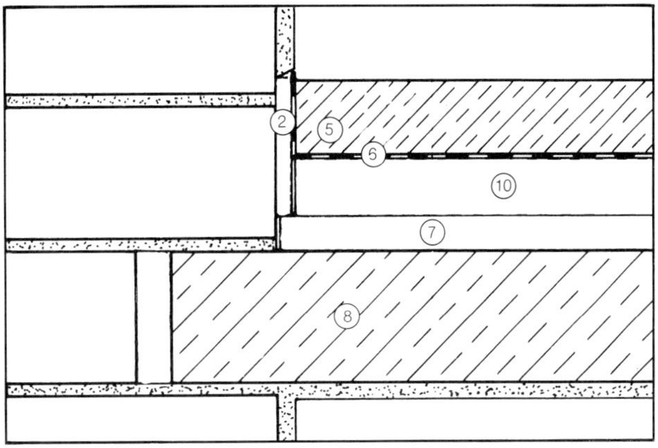

4

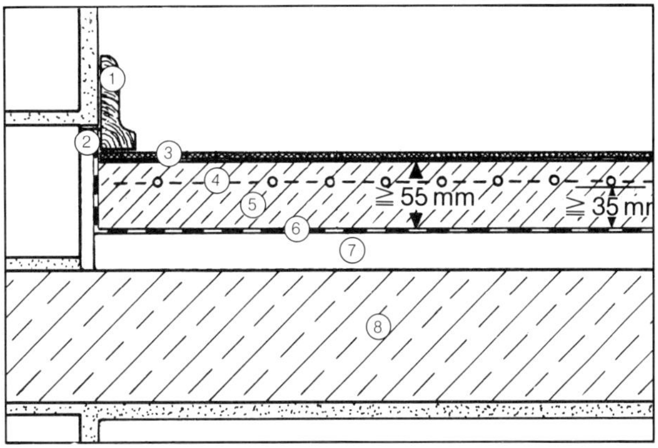

5

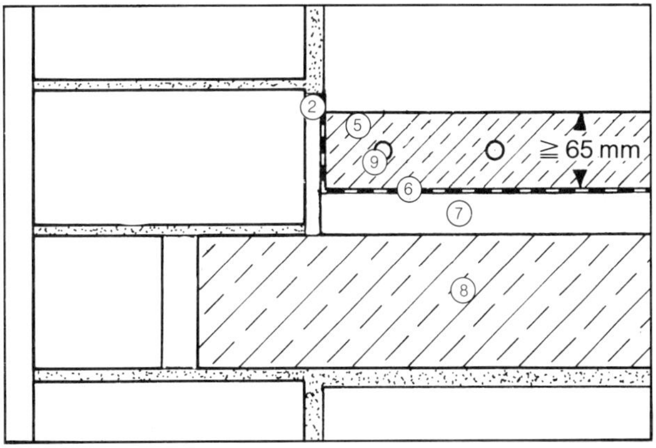

6

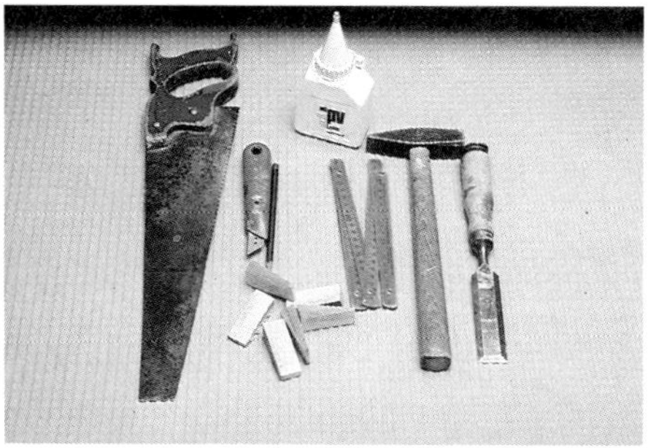
1

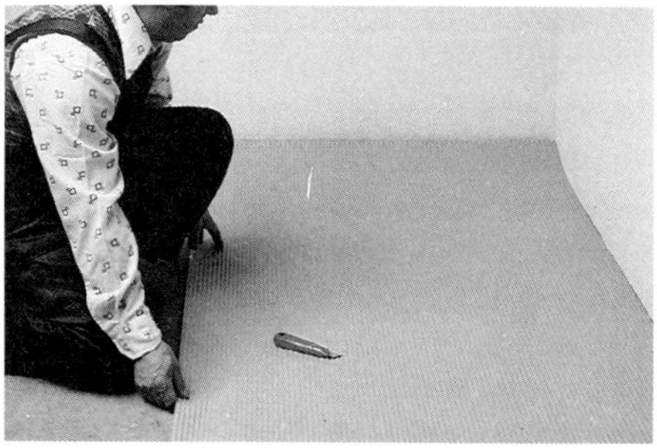
2

3

4

So verlegen Sie Fertigparkett

Fertigparkett ist auf vorhandenen alten Fußböden oder dafür angefertigten Fußbodenkonstruktionen leicht und schnell zu verlegen. Man hat die Wahl zwischen den verschiedensten Formaten und Holzarten. Die Basis kann ein schwimmender Estrich, ein Spanplattenboden, ein Teppich oder PVC-Belag sein. In allen diesen Fällen wird als erstes im ganzen Raum eine Zwischenlage aufgebracht, die aus Filz-, Korkschrot- oder Rippenpappe besteht. Nun kann mit der Verlegung von Fertigparkett begonnen werden. Gehen Sie auf folgende Art und Weise vor:

1. Für das Verlegen von Fertigparkett müssen Sie folgendes Werkzeug zur Hand haben: Fuchsschwanz, Teppichbodenmesser, Meterstab, Hammer, Stechbeitel, Bleistift, Holzkeile und eine Flasche Leim.

2. Auf dem Unterboden verlegen Sie lose eine trittschalldämmende Unterlage, die es im Fachhandel und in Hobbymärkten gibt.

3. Der Parkettfußboden wird nun „schwimmend" verlegt, also ohne feste Verbindung mit dem Boden. Beginnen Sie mit dem Verlegen in einer Ecke.

4. Die Platten werden mit Leim versehen, zusammengesteckt und mit einem Holzstück und Hammer zusammengeklopft. Der herausquellende Leim wird am besten sofort mit einem feuchten Lappen abgewischt.

5. Die Verlegung beginnt an zwei Wandseiten mit je einer Plattenreihe; Wandabstand von ca. 15 mm einhalten und mit Holzkeilen fixieren (Dehnungsfuge).

6. Nun darf an die erste Plattenreihe nicht gleich die zweite angeschlossen, sondern es muß pyramidenförmig weitergearbeitet werden.

Die Randplatten lassen sich leicht ausmessen und mit dem Fuchsschwanz zuschneiden. Achten Sie wiederum darauf, daß der Abstand zur Wand ungefähr 15 mm betragen sollte, und verkleiden Sie behutsam.

7. Nach dem Abbinden des Leims entfernen Sie die Keile, passen fabrikversiegelte Wandabschlußleisten ein und befestigen sie mit Stahlstiften. Zum Zuschneiden der Wandabschlußleisten empfiehlt es sich, eine Gehrungslade (billig und sehr nützlich!) zu verwenden. Diese erleichtert maßgenaues Einpassen und Ablängen. Die Dehnfuge im Bereich der Tür darf etwas kleiner ausfallen, muß aber sehr genau zugeschnitten werden, weil sie ständig sichtbar bleiben wird. Man verfugt sie am besten mit einem farblich passenden, dauerelastischen Kitt. Vorzüglich geeignet ist Silikonkautschuk, den es in vielen Farben zu kaufen gibt.

8. Fertigparkett vermittelt eine angenehm wohnliche Atmosphäre.

Noch ein Tip: Achten Sie bei der „schwimmenden" Verlegung von Parkettböden auf die exakte Einhaltung der **Dehnungsfuge.** Das ist der Abstand zwischen Parkettfläche und Wand. Der Boden muß arbeiten können, d. h. sich bei Wärme ausdehnen und bei Kälte zusammenziehen können, ohne dabei an die Wände anzustoßen. Dabei würde er sich aufwerfen. Außerdem bewirkt ein Kontakt zwischen Bodenbelag und Wand eine äußerst unerwünschte Schallbrücke.

Die Befestigung der **Wandabschlußleisten** erfolgt auf keinen Fall mit dem Parkett, sondern sie müssen an die Wand genagelt oder dort mit Dübeln und Schrauben befestigt werden.

Wenn Sie Fertigparkett über Fußbodenheizungen legen wollen, dann müssen Sie einige wichtige Punkte beachten: Auf dem Zementestrich der Fußbodenheizung kann Fertigparkett geklebt oder auch schwimmend, auf Rippenpappe verlegt, werden. Achten Sie dabei auf die Herstellerangaben. Die Heizungsvorlauftemperatur sollte 55 Grad Celsius nicht überschreiten. Der Abstand der Heizschlangen zueinander sollte zirka 15 cm betragen und nicht größer sein, damit das Parkett keinen Schaden erleidet. Ganz wichtig ist natürlich die normgerechte Holzfeuchte, bevor Sie mit dem Verlegen beginnen.

5

6

7

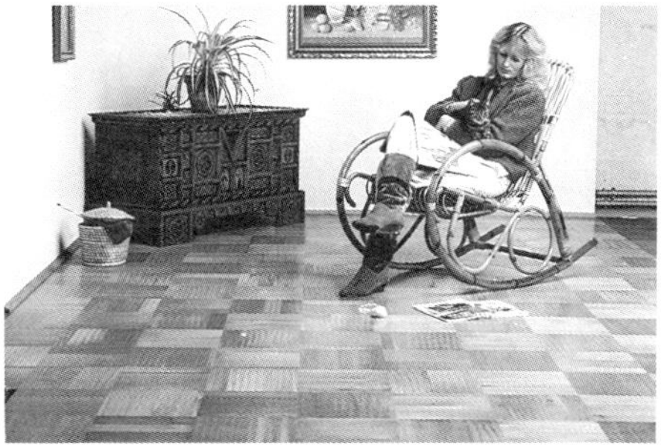
8

1

2

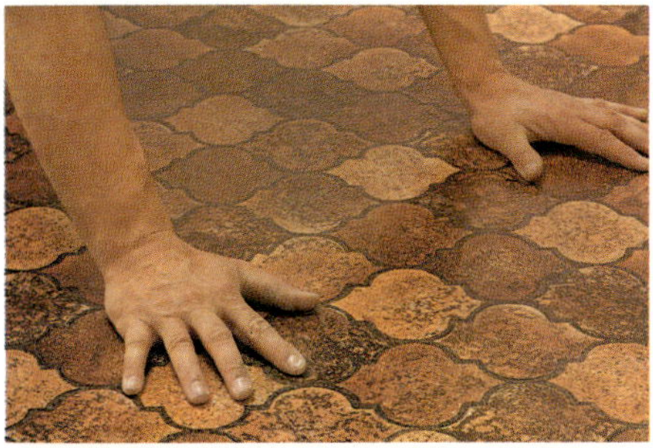
3

4

So verlegen Sie einen PVC-Belag

PVC-Beläge gibt es heute für alle Bereiche des Wohnens, in allen Farben und unendlich vielen Mustern, als Rollenware und in Fliesenform. Wenn Sie einen elastischen Boden aus PVC verlegen wollen, müssen Sie vorher den dafür vorgesehenen Raum sehr genau ausmessen – auch in der Diagonalen – und eventuell eine kleine Maßskizze anfertigen. Der Verkäufer schneidet dann den von Ihnen ausgesuchten Belag mit einem entsprechenden Übermaß zu. Zusammengerollt können Sie den PVC-Bodenbelag auf dem Dachständer des Wagens nach Hause transportieren.
Kaum ein Bodenbelag ist schwieriger zu verkleben als PVC. Ein PVC-Belag wölbt sich zum Beispiel gerne auf. Verliert auf Dauer leicht an Haftung und macht besondere Probleme über Bodenheizungen.
Ein guter PVC-Kleber ist dispersionsgebundener Einseitklebstoff. Er ist gebrauchsfertig abgepackt, leicht zu verarbeiten, sehr ergiebig, bietet eine schnelle Anfangshaftung, bleibt alterungsbeständig und weist eine hohe Endfestigkeit auf. Als Anwendungsgebiete kommen Wohnräume, Küchen und Korridore in Frage – auch über Fußbodenheizungen.
Bereiten Sie den Untergrund so vor, daß dieser trokken, sauber, fest und eben ist. Farbanstriche müssen vollständig entfernt werden. Rauhe Betonböden und Zementestriche müssen vorgespachtelt werden. Ferner Spanplatten aufschrauben, in Nut und Feder verleimen und Gipsuntergründe entsprechend grundieren. **So gehen Sie weiter vor:** Legen Sie den maßgenau zugeschnittenen PVC-Belag auf dem Boden aus und rücken Sie ihn in Position.

1. Die Arbeit beginnt mit dem Zurückschlagen der PVC-Bahn bis zur Mitte. Gießen Sie nun den gebrauchsfertigen, lösungsmittelfreien Klebstoff auf den Fußboden vor der zurückgeschlagenen PVC-Bahn. Nehmen Sie eine Zahnkelle und verteilen Sie damit den Klebstoff gleichmäßig auf der Klebestelle. Der Kleber hat eine lange Verarbeitungszeit, so daß viele Quadratmeter in Ruhe aufgezogen werden können. Dann wird der Klebstoff mit der Kelle durchgekämmt. Das Material ist leicht zu verarbeiten und sehr ergiebig. Es muß für den PVC-Belag gleichmäßig und dünn auf dem Untergrund aufgetragen werden.

2. Nach einer Ablüftzeit von 10–15 Minuten können Sie den zurückgeschlagenen Belag in das Klebstoffbett rollen.

3. Während des Einrollens wird der Bodenbelag streifenweise mit den Händen angedrückt.

Nun kann die Anschlußbahn verlegt werden. Dazu wird die nächste Bahn so weit über die untere geschoben, bis sich das Muster deckt. Stimmt das Muster, wird die Bahn bis zur Wand ausgelegt.

4. Dann legen Sie ein Stahllineal dort an, wo sich die beiden PVC-Bahnen überlappen.

5. Mit einem Teppichbodenmesser werden nun entlang des Stahllineals beide Bahnen auf einmal durchgeschnitten. Die zweite Bahn wird wieder zurückgeschlagen und die darunter liegenden Beschnittstreifen beider Bahnen entfernt; PVC-Bahnen wieder aneinander legen und Dekor nochmals überprüfen.

6. Nun werden beide Bahnen seitlich aufgeschlagen. Tragen Sie den Klebstoff wiederum gleichmäßig mit der Zahnkelle auf.

7. Nach der üblichen Ablüftzeit wird die linke Bahn in das Klebebett gerollt und streifenweise mit den Handflächen angedrückt. Ebenso verfährt man mit der rechten PVC-Belagbahn.

8. Das Dekor stimmt wirklich einwandfrei. Eine Naht ist nicht mehr zu erkennen. Nach 24 Stunden ist der Boden belastbar.

Noch ein Tip: Der PVC-Belag sollte vor dem Verkleben unbedingt ein bis zwei Tage unter Verlegebedingungen lagern, also ausgerollt werden, damit er sich nicht mehr verformt.

5

6

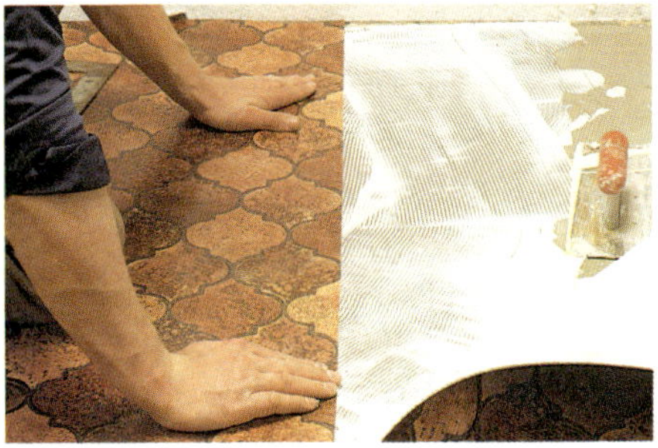

7

8

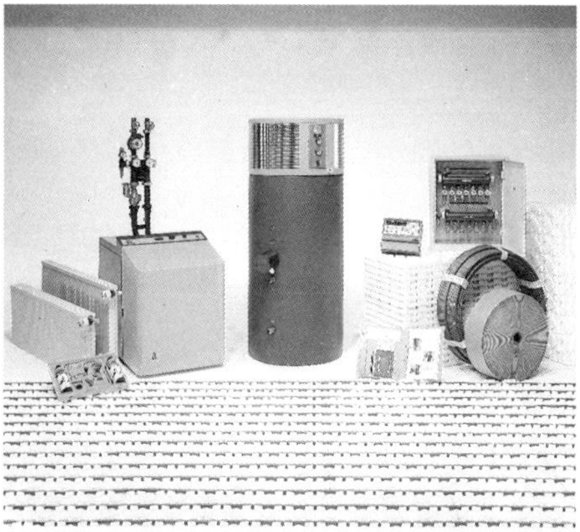

1

2

3

So bauen Sie eine Heizungsanlage ein

Material
Kompletter Selbstbausatz mit jeglichem Zubehör und Spezialwerkzeug.

Werkzeug

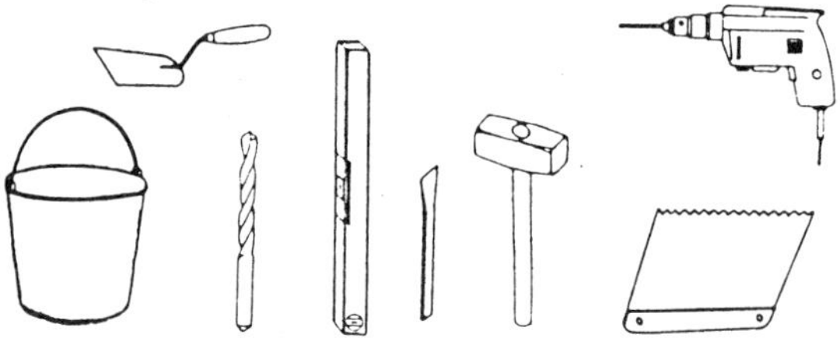

Schwierigkeitsgrad

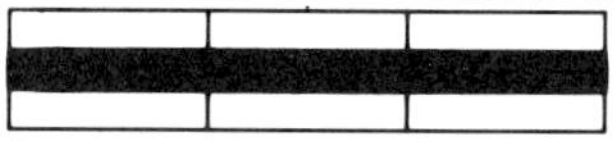

0 1 2 3

Kraftaufwand

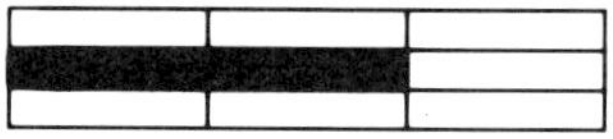

0 1 2 3

Arbeitszeit
Je nach Anlagengröße ca. 5 Tage.

Ersparnis
Durch Ihre Eigenleistung sparen Sie bis zu 40 DM pro Stunde.

Die Planung der Heizungsanlage soll man natürlich den Fachleuten überlassen. Die haben das nötige Wissen zur Berechnung der erforderlichen Heizleistung und der entsprechenden Dimensionierung der Heizanlage. Den Einbau kann der ambitionierte Selbstausbauer jedoch selbst vornehmen, denn manche Heizungsanlagenhersteller haben jetzt Fertigbausätze zur Selbstmontage auf den Markt gebracht. Diese Firmen planen auch die gesamte Anlage und stellen den Bausatz bis zur letzten Schraube und Dichtung komplett zusammen. Mitgeliefert werden auch die kompletten Pläne für die Mauerschlitze und Kaminquerschnitte sowie ein kompletter Montageplan. Jeder Handgriff ist in genauer Reihenfolge beschrieben und auf Einzelfotos dargestellt. Außerdem kommt auch noch ein Mitarbeiter der Lieferfirma ins Haus, der berät und das Verlöten von Leitungen anlernt.

Arbeitsanleitung

1. Der Bausatz enthält im allgemeinen folgende Teile: Fertigheizkörper, Armaturenblock, Niedrigtemperaturkessel, Wasserspeicher, Wärmepumpe, elektronische Heizungssteuerung, Heizkreisverteiler, Fußbodenheizungsrohre, Schnellbauplatten für die Fußbodenheizung, Randdämmstreifenrolle für die Dehnungsfugen, Spezialwerkzeuge zum Abisolieren und Verlöten und den Montageplan.

2. Als erstes wird der Brenner installiert. Sehr gute Brennertypen arbeiten mit einer Edelstahlbrennkammer (Ölbrenner) oder mit integriertem Brenner und genau abgestimmter Flammenlänge; sie haben ein Innenrippenrohrsystem, einen sogenannten Thermoring und eine Schallschluckverkleidung. Achten Sie beim Brennerkauf auf den „Blauen Engel" für Umweltschutz, der garantiert zudem hohe Energieersparnis.

3. Nun wird die Schallschluckhaube angebracht; das geht ganz leicht dank des Steck- und Klippsystems. Auf den Brenner wird jetzt der Armaturenblock aufgeschraubt. Er ist bereits betriebsfertig vormontiert mit Luftabscheider, Vor- und Rücklaufthermometer, Manometer, Rückflußsicherung, Sicherheitsventil, Umwälzpumpe, Muffenschieber, Schwerkraftbremse, An-

4

5

6

7

8

9

schluß für Ausdehnungsgefäß und den Tauchhülsen für Vor- und Rücklauffühler. Auch Wärmemengenzähler können ohne weiteres eingebaut werden.

4. Der Brauchwasserspeicher wird aufgestellt und die Wärmeisolierung darüber angebracht.

5. Ist dies geschehen, wird die Luftwärmepumpe auf den Speicher aufgesetzt, die, wie der Name schon sagt, die Wärme der Luft für die Erzeugung von warmem Wasser nutzt. Im Winter entlastet die Luftwärmepumpe den Kessel oder die Gastherme. In den warmen Sommermonaten ermöglicht sie der Heizanlage eine „Sommerpause", denn sie heizt mit Luft und Sonne die 200 oder 300 Liter Wasser des Speichers.

6. Soll die Fußbodenheizung verlegt werden, so beginnt man mit dem Aufstellen der Randdämmstreifen entlang der Wände als Dehnungsfuge.

7. Anschließend können die Schnellbauplatten zur Aufnahme der Fußbodenheizungsrohre verlegt werden – Stück für Stück einfach aneinander. Diese Platten isolieren zuverlässig nach unten.

8. Der Heizungsverlauf wird nun am Heizkreisverteiler angeschlossen, und die Verlegung der Rohre kann nunmehr beginnen.

9. Das Rohr wird einfach an den Kontaktpunkten vorbeigeführt und zwischen den Noppen der Bodenplatten eingeklemmt. Abstand und Biegeradius sind vorgegeben und immer optimal.

Ist alles komplett verlegt, wird das Rohrende zum Rücklauf geführt und angeschlossen. Der Estrich kommt direkt über die verlegten Rohre. So erfolgt eine optimale Wärmeübertragung durch Rundumkontakt.

Auch die Heizkörper sind leicht selbst zu montieren. Es werden einfach zwei Montageschienen an die Wand gedübelt. Daran hängt man die Heizkörper. Sie brauchen sie nur noch anzuschrauben und an das Vor- und Rücklaufventil anzuschließen.

Ein Tip: Auf moderne Fußbodenheizungen soll mindestens eine Garantie von 10 Jahren gegeben werden. Achten Sie auf einen hohen Wirkungsgrad der Brennanlage; lassen Sie diese regelmäßig warten und präzise einstellen.

So dämmen Sie auf unebenen Böden

Material
Dämmstoffschüttung, Trittschalldämmplatten (Menge je nach Raumgröße), 3 Richtscheite.

Werkzeug

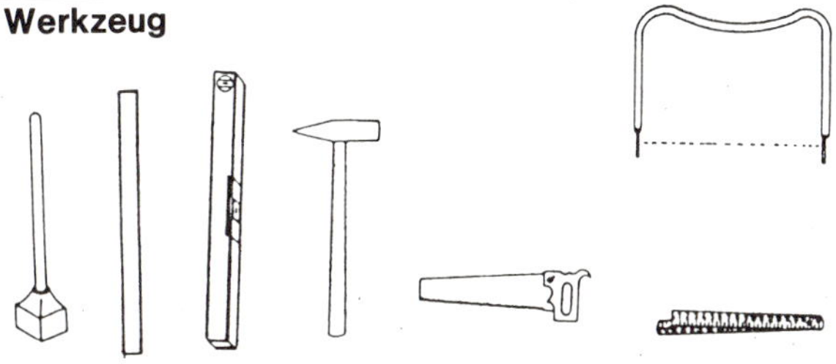

Schwierigkeitsgrad

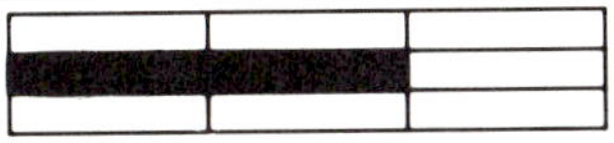

Kraftaufwand

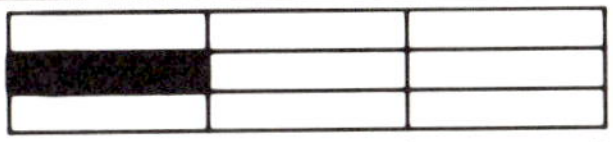

Arbeitszeit
Mit den Vorarbeiten sollten Sie für 3 m² mit ca. 1 Stunde rechnen.

Ersparnis
Sie sparen durch Eigenleistung pro m² ca. 12 DM.

1

2

3

4

5

6

Beim Ausbau und bei der Renovierung von Altbauten und beim Aufbau auf alten Fußböden sowie für die Wärmedämmung oberster Geschoßdecken in Neu- und Altbauten hat sich die Isolierschüttung mit Dämmstoffkörnung bestens bewährt.

Allgemein unterscheidet man dabei zwischen Dämmschüttungen, die aus gebrannten Tonkugeln bestehen, und mit Bitumen beschichteten Kunststoffkügelchen. Die Isolier-Tonkugeln bestehen aus natürlichem gebrannten Ton von ca. 4–8 mm Korngröße. Die Schüttung verdichtet sich, ohne nachzustauchen, und weist bei sehr geringem Eigengewicht eine hohe Kornfestigkeit auf – eine wirklich gute Voraussetzung für Wärmedämmschüttungen auf Flachdächern, in Balkendekken, auf Fußböden und auf Betonuntergrund.

Bei der Dämmung zwischen Lagerhölzern, wie sie auf Seite 66f. beschrieben wird, bringen Sie anstatt der Dämmstoffmatten die Ton-Isolierschüttung ein. Sie schütten sie ganz einfach aus dem Sack zwischen die Lagerhölzer und ziehen die Oberfläche bündig mit den Hölzern ab. Dazu benützt man am besten ein Brett, das man links und rechts auf die Lagerhölzer auflegt und die Längsrichtung anzieht. So verteilen sich die Dämmkugeln gleichmäßig. Jetzt kann der Fußboden (z. B. Spanplatten) verschraubt werden.

Eine weitere praktische Möglichkeit, auf unebenen Böden eine wirklich haltbare und zugleich in sich stabile Dämmstoffschicht aufzubringen, ist die Dämmung mit Dämmstoffkörnung aus bitumenummantelten Schaumstoffkügelchen. Diese Dämmstoffkörnung ermöglicht einen trittschall- und wärmedämmenden Höhenausgleich bei Fußbodenkonstruktionen auf trockenem Untergrund. Die Dämmstoffkörnung kann in jeder Dicke eingebaut werden. Höhenunterschiede von 10 cm und mehr auszugleichen ist damit kein Problem, was besonders bei Altbauten interessant ist. Abgedeckt wird die Schüttung mit speziellen Fasermatten, die auf die Dämmstoffperlen abgestimmt sind. Unter leichtem Flächendruck verbindet sich die Dämmschüttung dann zu einer homogenen und stabilen Dämmschicht. Nachfolgend werden nochmals die Vorteile dieser Dämmart zusammengefaßt: problemloser Höhenausgleich; hervorragende Trittschall- und Wärmedämmung; hohe Belastbarkeit; garantierter Schutz vor Insekten.

Und so wird die **Dämmstoffschüttung** ausgebracht: Der Fußboden wird gereinigt. Auf Betondecken wird eine 0,2 mm starke Folie aus Polyäthylen als Feuchtesperre ausgelegt. Die Stöße sollten 30 cm überlappen. Auf Holzböden darf keinesfalls Folie ausgebreitet werden, sie könnte Staunässe verursachen. Als Rieselschutz empfiehlt sich gewöhnliche Pappe. Längs der Wände werden Schaumstoffstreifen zur Trittschalldämmung aufgestellt.

Arbeitsanleitung

1. An der Wand gegenüber der Tür wird nun eine Lattung angebracht und einnivelliert. Hierfür gibt es spezielle Aluprofile.

2. Danach werden an den Seitenwänden Profile und Hilfslinien angebracht. Um die erforderliche Höhe zu erreichen, soll schon Dämmstoff vorgeschüttet sein. Durch Unterlegen von kleinen Holzstücken wird das Nivellieren erleichtert.

3. Anschließend wird die Schüttung im Arbeitsabschnitt ausgebracht.

4. Als Richtscheit wird ein Brett oder eine Alulatte beidseitig auf die Führungen gelegt, um mit der Wasserwaage kontrollieren und die Schüttung glattziehen zu können. Leichter geht's, wenn Sie das Richtscheit während des Abziehens hin und her bewegen.

5. Am Ende der Lagerlattung setzen Sie den Arbeitsgang wie bisher fort.

6. Bald ist der ganze Boden sauber verfüllt.

7. Nach dem Entfernen der Lehren müssen die gedämmten Flächen mit den dafür vorgesehenen Abdeckplatten belegt werden. Beginnen Sie von der Tür her und legen Sie die Fugen versetzt.

8. Bei Einbaudicken ab 60 mm ist eine abschließende Verdichtung erforderlich.

9. Dazu legen Sie Schalungsbretter auf die Trittschalldämmplatten und bearbeiten den ganzen Boden Stück für Stück mit dem Handstampfer oder mit der Rüttelmaschine.

7

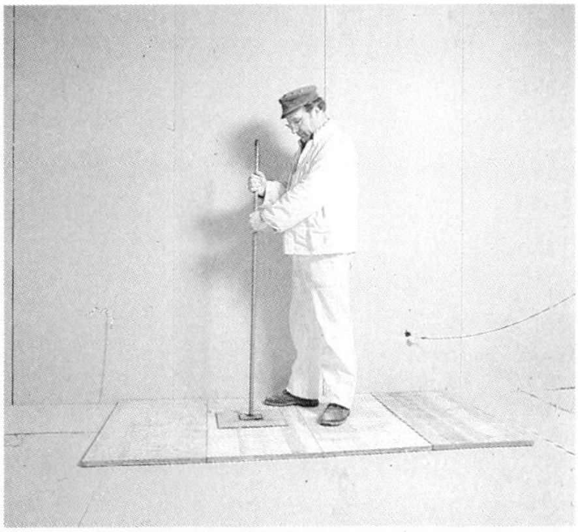

8

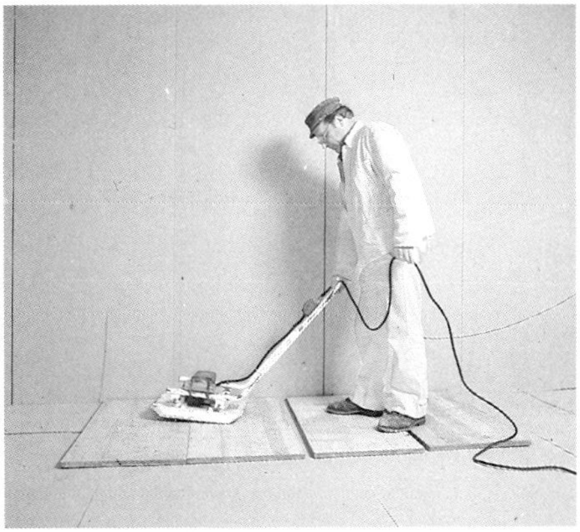

9

1

2

3

So dämmen Sie zwischen Lagerhölzern

Material
Kanthölzer, PE-Folie, bei Betondecken Dämmstoffstreifen, -platten, Dübel, Schrauben.

Werkzeug

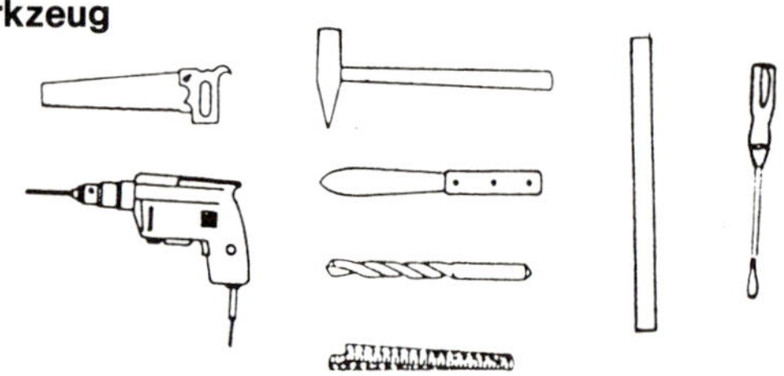

Schwierigkeitsgrad

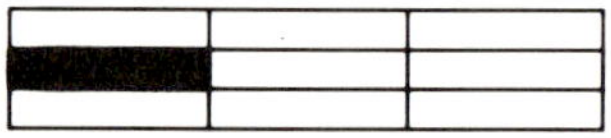

0 1 2 3

Kraftaufwand

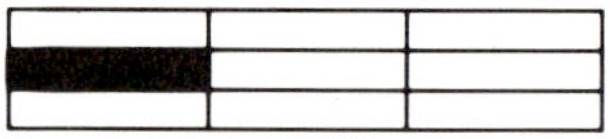

0 1 2 3

Arbeitszeit
Eine Bodenfläche von 20 m² dämmen Sie in ca. 7 Stunden.

Ersparnis
Durch Eigenleistung sparen Sie pro m² bis zu 17 DM.

Das Dämmen des Fußbodens trägt in ganz beachtlichem Maß zur Verbesserung des Raumklimas und damit zum Wohlbefinden bei. Besteht der Fußboden aus Rohbeton und weist er nur kleine Unebenheiten auf, dann empfiehlt sich die Fußbodendämmung zwischen Lagerhölzern. Diese Unterkonstruktion eignet sich für die Verlegung von Spanplatten als Unterboden genauso wie für die Verlegung von starken Fertigkparkettdielen. Der Abstand zwischen den Lagerhölzern ist auf die Verarbeitungsvorschriften des Spanplatten- bzw. Parkettherstellers auszulegen. Wenn Sie eine Rohbetondecke dämmen, dann muß erst eine Polyäthylenfolie von ca. 2 mm Stärke im ganzen Raum ausgelegt werden. Die Stöße der einzelnen Folienbahnen müssen sich dabei um mindestens 30 cm überlappen.

Arbeitsanleitung

1. Nun sind die Dämmstoffstreifen als Unterlage für die Lagerhölzer zu verlegen. Halten Sie die Abstände genau ein. Dämmstoffrandstreifen werden auch an den Wänden entlang ausgelegt, das verhindert eine Trittschallübertragung über Decke und Wände in die angrenzenden bzw. darunterliegenden Räume.

2. Anschließend werden die Lagerhölzer ganz einfach auf die Dämmstoffrandstreifen aufgelegt und **nicht** mit dem Boden verschraubt. Das verhindert eine Trittschallübertragung über die feste Verbindung zwischen Lagerholz und Decke. Die Lagerhölzer sind mit Wasserwaage und Meterstab unter Zuhilfenahme eines Richtscheits eben auszurichten.

3. Als Dämmstoffe für die Isolierung des Fußbodens kommen Trockenestrich-Dämmplatten aus Mineralfaser in Frage. Diese Dämmstoffplatten müssen möglichst genau zwischen die Lagerhölzer eingepaßt werden. Es ist ratsam, mindestens 2 cm Übermaß für die Breite zu veranschlagen und die Platten sehr fest einzupressen.

4. Wenn die Dämmplatten zweilagig versetzt verlegt werden, wird die Dämmfähigkeit noch erhöht.

5. Nun können Sie die Spanplatten verschrauben, die die Lagerhölzer in ihrer Position fixieren.

6. Bei Fertigparkettelementen verfahren Sie genauso.

4

5

6

1

2

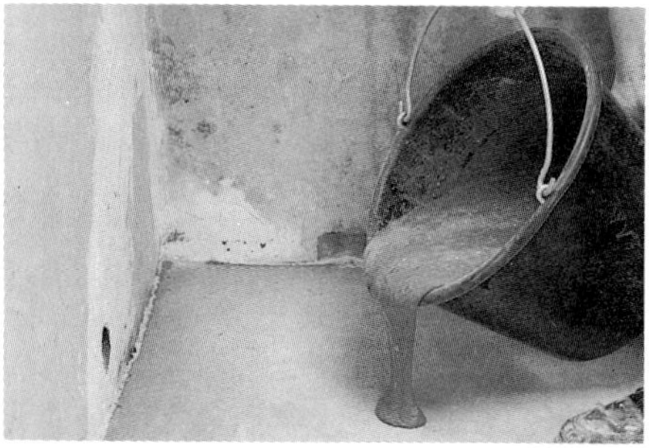

3

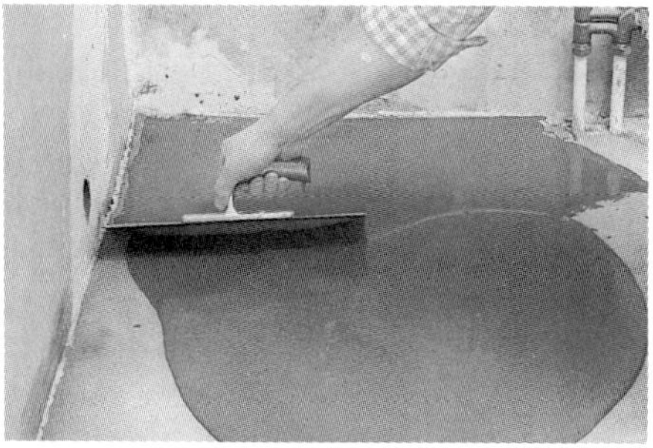

4

So gleichen Sie Unebenheiten aus

Material
Spachtelmasse, Voranstrich (Menge je nach Raumgröße).

Werkzeug

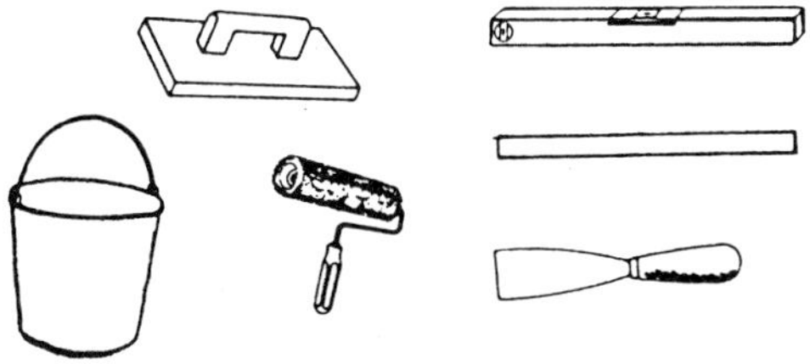

Schwierigkeitsgrad

Kraftaufwand

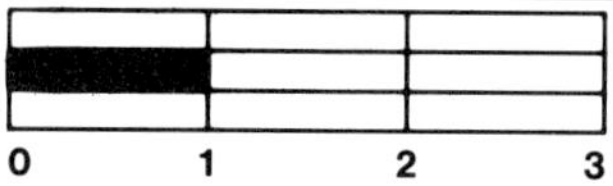

Arbeitszeit
Ohne Vorarbeiten können Sie pro Stunde bis zu 30 m^2 Boden ausgleichen.

Ersparnis
Sie sparen pro m^2 durch Ihre Eigenleistung zwischen 5 und 8 DM.

Kaum ein Boden ist so eben, daß er nicht noch vor dem Verlegen von Bodenbelägen feingespachtelt werden müßte. Für diese Arbeiten hat die Industrie einen selbstverlaufenden, besonders feinkörnigen, schnell erhärtenden Spachtel entwickelt. Er ist seit Jahren bestens bewährt und leicht zu verarbeiten. Er macht Betonböden und Estrich, auch aus Gußasphalt, eben und glatt. Er eignet sich besonders gut für die Glättung von Untergründen, auf denen Bodenbeläge verlegt werden sollen. Nach Anrühren mit Wasser ist er gebrauchsfertig. Einfach ausgießen, verteilen und erhärten lassen. Bereits nach 24 Stunden können Bodenbeläge darauf geklebt werden.

Der Untergrund muß tragfähig, rißfrei und sauber sein und darf sich in Form und Lage, z. B. durch Schwund oder Setzung, nicht mehr verändern. Mürbe Schichten, Anstriche und Imprägnierungen sind z. B. durch Abschleifen zu entfernen.

Arbeitsanleitung

1. Betonböden und Zementestriche müssen mit einer dafür vorgesehenen Grundierung gleichmäßig dünn aber deckend behandelt werden.

2. Dafür eignet sich bestens eine Farbrolle an einer Verlängerung. So grundieren Sie den tragfähigen, rißfreien und sauberen Untergrund.

3. Der gießfähig angemachte feine Bodenspachtel (mit Korb- oder Flügelrührer und Bohrmaschine durchmischen) wird nur abschnittweise ausgegossen.

4. Fangen Sie in einer Ecke an und unterstützen Sie den Selbstverlauf der Masse mit der Kelle.

5. Insbesondere an den Nahtstellen muß, wenn neuer Spachtel zugegeben wird, der Selbstverlauf mit der Kelle unterstützt werden.

6. So arbeiten Sie zügig weiter; das Material nivelliert sich von selbst.

7. Zügig ist der ganze Raum gespachtelt. Das Material erhärtet schnell und rißfrei bis zu einer Stärke von ca. 10 mm.

8. 24 Stunden später kann man darauf den Bodenbelag kleben. Soll PVC verwendet werden, so muß ein spezieller PVC-Kleber dafür zum Einsatz kommen.

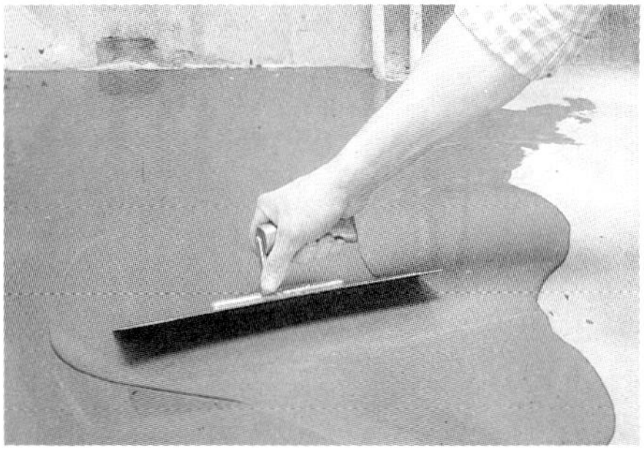

5

6

7

8

1

2

3

So verlegen Sie einen rustikalen Dielenboden

Material

Wellpappe, Holzkeile, Paneele, Leim, Silikon-Fugenmasse, Wandabschlußleisten, Stahlstifte Wagnerstifte (Mengen je nach Raumgröße).

Werkzeug

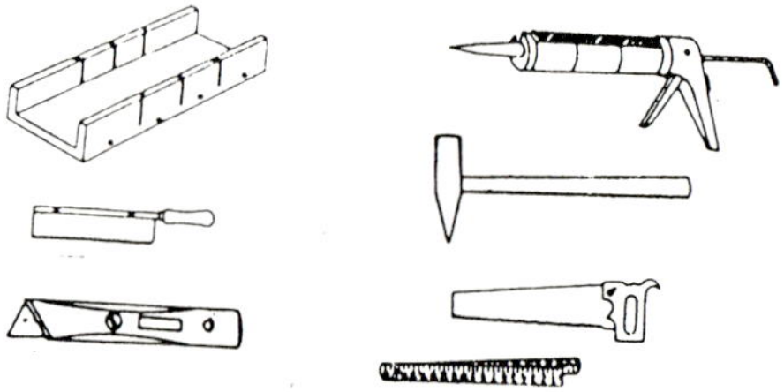

Schwierigkeitsgrad

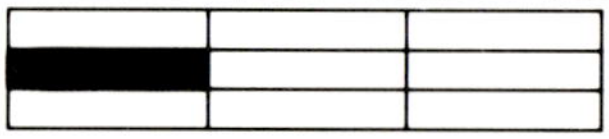

0 1 2 3

Kraftaufwand

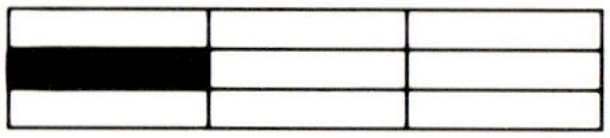

0 1 2 3

Arbeitszeit

Wenn nur geringe Vorarbeiten nötig sind, können Sie pro Arbeitsstunde 1 m^2 verlegen.

Ersparnis

Bei einer mittleren Wohnraumgröße können Sie durch Eigenleistung bis zu 500 DM sparen.

Parkettdielen sollten »schwimmend« verlegt werden oder, ab 22–23 mm Stärke, »freitragend« auf Lagerhölzern. Sie können aber auch auf schwimmendem Estrich oder auf Spanplatten verklebt werden.

Arbeitsanleitung

1. Bei schwimmender Verlegung auf Korkschrotmatten oder Wellpappe beginnt man von einer Wandseite her parallel zu arbeiten. Kleine Keile halten einen Mindestabstand von ca. 15 mm zur Wand. Die Längsnut zeigt zur Wand.

2. Der Leim wird mittels einer Leimflasche mit Düse in die Nuten der nachfolgenden Dielen eingebracht.

3. Dielen zusammenstecken und mittels eines Schlagholzes und Hammer mit vorsichtigen Schlägen zusammentreiben. Austretenden Leim sofort mit einem feuchten Tuch abwischen. Maßgenaues Ablängen geht ganz leicht mit dem Fuchsschwanz. Dehnungsfugen an den Türen mit farbigem Silikon füllen; fabrikversiegelte Wandabschlußleisten einpassen und sorgfältig annageln.

4. Bei freitragender Verlegung auf Lagerhölzern wird der Abstand der ersten Diele wandseits wieder mit Keilen fixiert (ca. 15 mm). Jedoch werden die einzelnen Dielen nicht ineinander verleimt, sondern mit Nägeln, vorzugszweise mit Wagnerstiften, fixiert.

5. Die Nagelung erfolgt verdeckt durch die Feder. Dabei ist es wichtig, immer schräg zu nageln. Zusammengeklopft werden die Dielen wieder mittels Holzklotz und Hammer. Anschließend werden sie mit den ca. 50–60 mm langen Wagnerstiften fixiert.

6. Aussparungen um Rohre und Kanten werden sorgfältig ausgemessen, exakt ausgeschnitten und wieder zusammengefügt.

Die Wandabschlüsse werden genau zugeschnitten. Danach werden die Dehnungsfugen im Türbereich mit dauerelastischen Massen, vorzugsweise mit Silikon, gefüllt. Anschließend bringen Sie die Sockelleisten an. Achten Sie dabei auf saubere Gehrungsschnitte. Benutzen Sie eine Gehrungslade. Der Boden ist sofort belastbar und begehbar; nur die Silikonfuge braucht etwas länger.

4

5

6

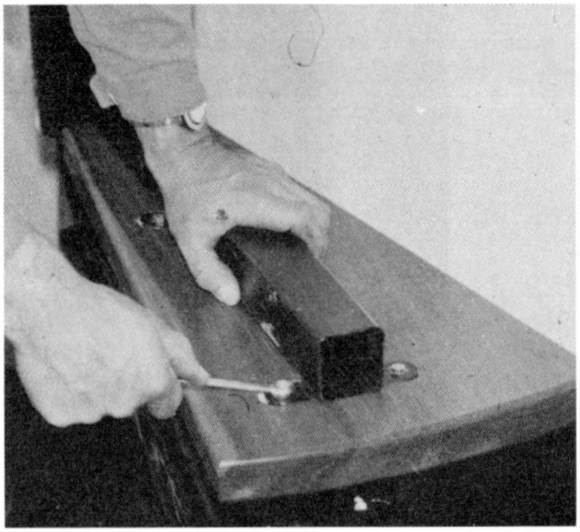

1

2

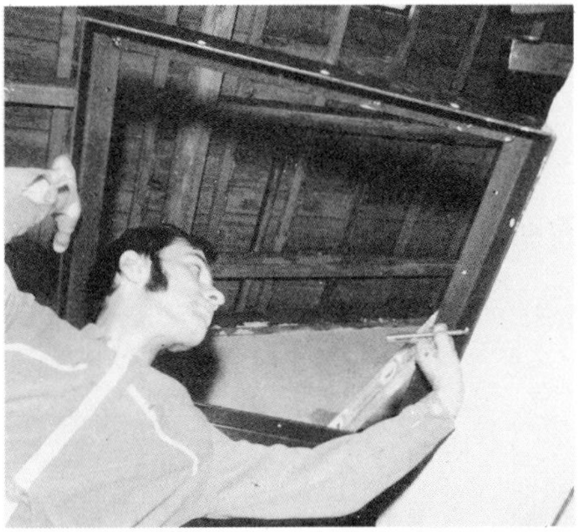

3

So erschließen Sie das Dachgeschoß mit einer Spindeltreppe

Material

Kompletter Treppenbausatz mit Fußplatte, Trittbrettern, Stahlrohrtreppensegmenten, Stahlrohrmittelsäule, Spindel etc. und Kleinteile.

Werkzeug

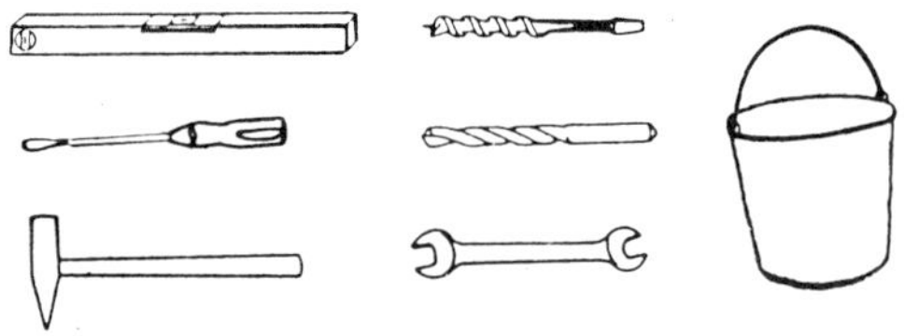

Schwierigkeitsgrad

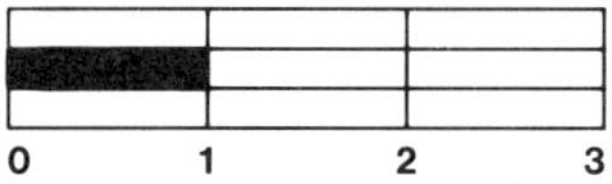

Kraftaufwand

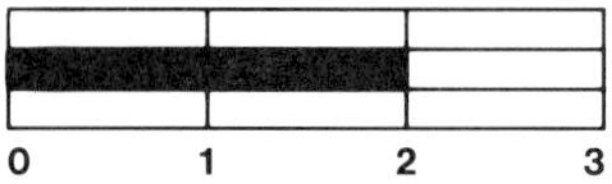

Arbeitszeit

Eine eingeschoßige Treppe können Sie in 2 Tagen komplett aufbauen.

Ersparnis

Durch Eigenleistung sparen Sie bis zu 400 DM.

Wenn Sie Dach- oder Kellergeschoß in den Wohnbereich integrieren wollen, dann bieten Selbstbautreppensysteme – und da wiederum die Stahlspindeltreppen – alle Möglichkeiten zu einem wirklich günstigen Preis, zumal sie alle in kurzer Zeit ohne große Schwierigkeiten montiert werden können.

Das Kernstück besteht aus einer Mittelsäule aus Stahlrohr als tragendem Element, auf die abwechselnd je ein Treppensegment und eine Distanzhülse geschoben wird. Die Distanzhülsen bestimmen den Abstand zwischen den Stufen, die sogenannte Steigungshöhe. Durch Ausgleichsringe läßt sich die Gesamthöhe der Treppenkonstruktion bodenbündig an jede Geschoßhöhe angleichen.

Wenn Sie sich also für einen Treppentyp entschieden haben, dann brauchen Sie dem Hersteller nur noch die Raumhöhe, den Antritt, links oder rechts drehend, und die Art des Deckendurchbruchs mitteilen. Er wird dann den Bausatz und die Bauanleitung für Sie zusammenstellen.

Arbeitsanleitung

1. Entsprechend der Bauanleitung wird die Fußplatte am Boden befestigt. Dann werden die Trittbretter maßgenau auf die Stahlrohrtreppensegmente geschraubt. Anschließend wird die Stahlrohrmittelsäule, die Spindel, auf die Fußplatte gesteckt. Nun werden abwechselnd immer ein Stufenelement und ein Distanzring übereinandergeschoben.

2. Den Abschluß bildet das Austrittpodest.

3. Den Abschluß der Spindel bildet ein Verlängerungsrohr. Das Austrittpodest wird anschließend an den Deckendurchbruch geschraubt. Nun können die einzelnen Stufenelemente exakt mit der Auftrittbreite zueinander ausgerichtet und mit den Inbusschrauben fixiert werden.

4. Nun werden die Bohrungen für die Geländerstäbe gesetzt, die Sie mit Gewindestangen anschrauben.

5. Kontrollieren Sie immer wieder mit der Wasserwaage und richten Sie gegebenenfalls aus.

6. Abschließend wird der Handlauf montiert und oben ein Brüstungsgeländer angebracht.

4

5

6

1

2

3

So bauen Sie Dachräume mit Gasbeton aus

Material

Gasbetonbausteine und Mörtel (Menge je nach Mauergröße).

Werkzeug

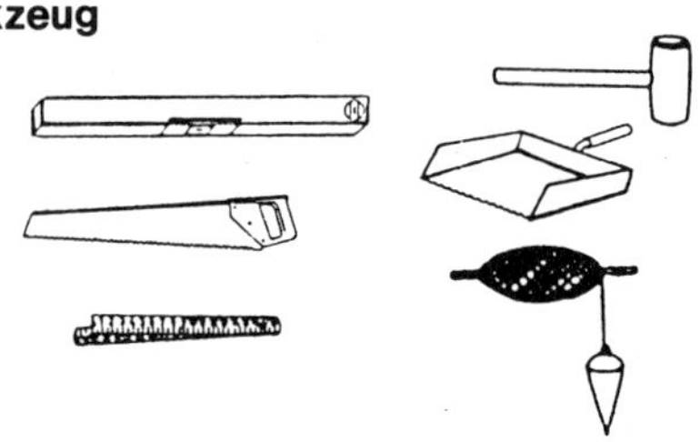

Schwierigkeitsgrad

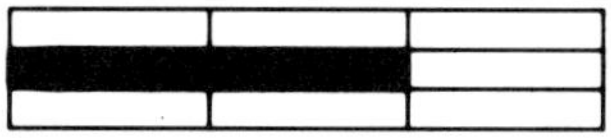

0 1 2 3

Kraftaufwand

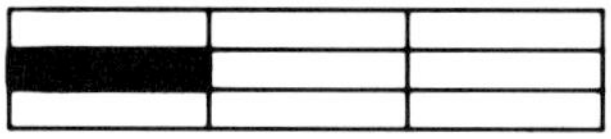

0 1 2 3

Arbeitszeit

Bei geringen Vorarbeiten können Sie pro Stunde bis zu 1,5 m² Mauer aufziehen.

Ersparnis

Durch Eigenleistung sparen Sie je nach Mauerfläche bis zu 600 DM.

Gasbetonsteine der verschiedensten Formate ermöglichen problemloses Mauern. Hohe Maßgenauigkeit und leichte Bearbeitung sind die Kennzeichen dieses Baustoffes.
Als Zusatzprodukte bietet die Baustoffindustrie auch Stürze, Fertigmörtel und Fertigputze an, die speziell auf Gasbeton abgestimmt sind. Hier eine kurze Übersicht über die wichtigsten Gasbetonbauteile: Plansteine, Ausgleichssteine, Kellersteine, Blocksteine, Stürze, Platten, Mörtel, Wärmedämmörtel, Putzschienen und spezielle Werkzeuge und Geräte.
Und so gehen Sie vor, wenn Sie einen Raum unterteilen wollen: Nehmen Sie zunächst genau Maß und berechnen Sie die Quadratmeterzahl der zu erstellenden Wände. Notieren Sie die Anzahl der Stürze für Durchbrüche wie Fenster und Türen. Zeichnen Sie den Grundriß auf den Fußboden und kontrollieren Sie genauestens die Winkel.

Arbeitsanleitung

1. Sie rühren den Mörtel an und tragen ihn mit der Mörtelkelle als Dünnbett auf. Beginnen Sie immer an den Ecken. Mit dem Gummihammer nun die Steine unter Zuhilfenahme der Wasserwaage und der Richtschnur setzen.

2. Spannen Sie die Maurerschnur zur nächsten Ecke und tragen Sie den Mörtel wieder auf Stoß- und Lagerfuge auf. Setzen Sie nun Stein für Stein ein.

3. Beachten Sie, daß die zweite Reihe eine Stoßfugenüberdeckung von mindestens 10 cm hat. Richten Sie immer wieder mit Hammer und Wasserwaage aus.

4. So geht die Arbeit zügig voran.

5. Von einer gewissen Höhe an empfiehlt es sich, von einer kleinen Plattform aus weiterzuarbeiten. Nun ist es so weit, daß der Sturz über der Tür eingebaut wird.

6. Dieser Baustein wird genau wie die anderen gehandhabt. Versehen Sie die Stoß- und Lagerfuge mit Mörtel. Achten Sie links und rechts auf mindestens 10 cm Auflager.

Zum Verputzen empfiehlt sich ein spezielles Innenputzmaterial, das extra auf Gasbeton abgestimmt ist und auf dem Grundstoff Gips basiert.

4

5

6

1

2

3

So bauen Sie ein Dachflächenfenster ein

Material

Komplettes Dachflächenfenster, Lagerhölzer, Schrauben.

Werkzeug

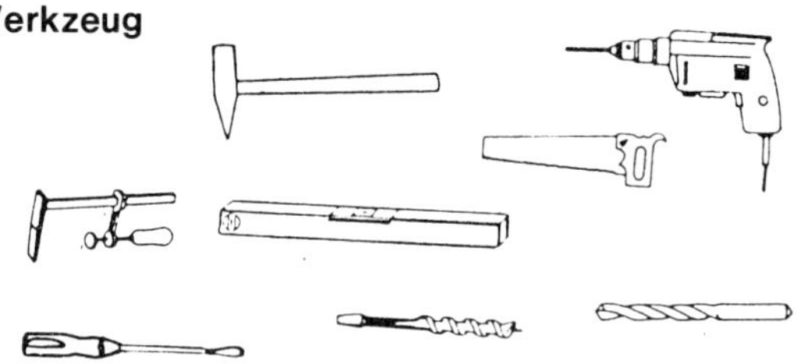

Schwierigkeitsgrad

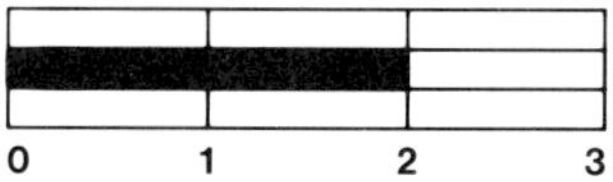

Kraftaufwand

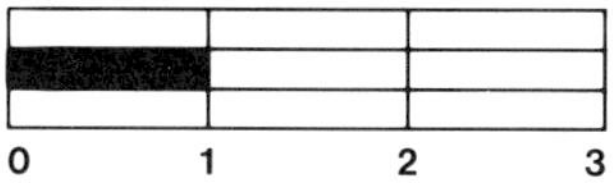

Arbeitszeit

Je nach Größe des Fensters und der Dachkonstruktion brauchen Sie ca. 8 Stunden.

Ersparnis

Durch Ihre Eigenleistung sparen Sie bis zu 500 DM.

Dachflächenfenster in unserem Sinne des Dachgeschoßausbaues müßten eigentlich Dachwohnfenster heißen. Voraussetzung für richtigen Wohnkomfort unterm Dach ist, daß diese Fenster genau wie die senkrechten Fenster in den unteren Geschossen wohnlich niedrig eingebaut werden. Sie sollen im Stehen bequem zu bedienen sein. Die meisten Fertigfenster dieser Bauart sind für Einhandbedienung konstruiert; das erfordert geringen Kraftaufwand. Außerdem lassen sich einige Fabrikate nicht nur ausschwenken, sondern auch ausgeschwenkt zur Seite schieben. So holen Sie die Natur ins Zimmer; kein Rahmen verdeckt die freie Sicht.

Arbeitsanleitung

1. An der gewünschten Stelle decken Sie das Dach ab, durchtrennen die Lattung und bringen zwei starke Lagerhölzer, sogenannte Wechsel, an der Ober- und Unterkante des neuen Fensters als Auflage an. Dann wird die Isolierung entlang des neuen Ausschnitts ordentlich eingebracht. Natürlich werden auch seitlich Lagerhölzer befestigt.

2. Das neue komplette Fenster wird mit einem Helfer auf das Dach ausgebracht. Das Fenster wird dann mit einem Seil gegen Abgleiten gesichert, maßgenau auf den Lagerhölzern ausgerichtet und, falls erforderlich, unterfüttert.

3. Dann schrauben oder nageln Sie es mit Hilfe der mitgelieferten Befestigungselemente sicher an allen vier Seiten an.

4. Nun werden die mitgelieferten Dichtungsschürzen angebracht, befestigt und in die Dachziegeloberfläche eingepaßt. Lassen Sie sich für diesen Arbeitsgang Zeit und arbeiten Sie sorgfältig, denn Sie wollen ja am Ende ein dichtes Dachfenster haben.

5. Durch die einzigartige Hebe-Schiebe-Mechanik können Sie die Fensterflügel anheben und in jedem Neigungswinkel nach links oder rechts schieben.

6. Die Funktionen-Griffstange bietet folgende Möglichkeiten: Fenster schließen; kleine und große Lüfterstellung; stufenloses Heben und Schieben – also alles mit einem Griff.

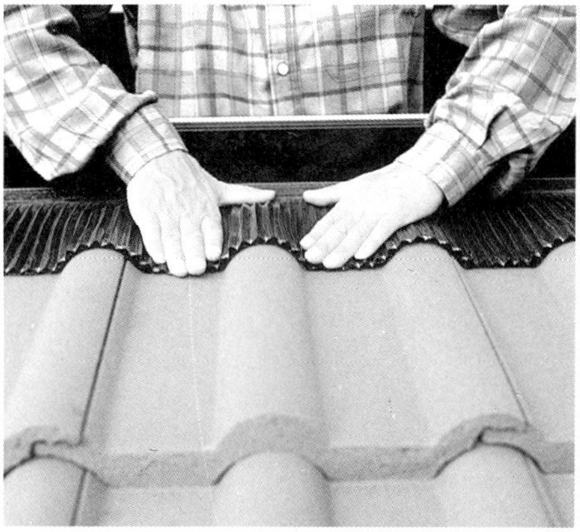

4

5

6

1

2

3

So vergrößert eine Gaube Ihr Dachgeschoß

Material

Einbaufertige Dachgaube mit Zubehör, Schrauben, Lagerhölzer (Menge je nach Fenstergröße).

Werkzeug

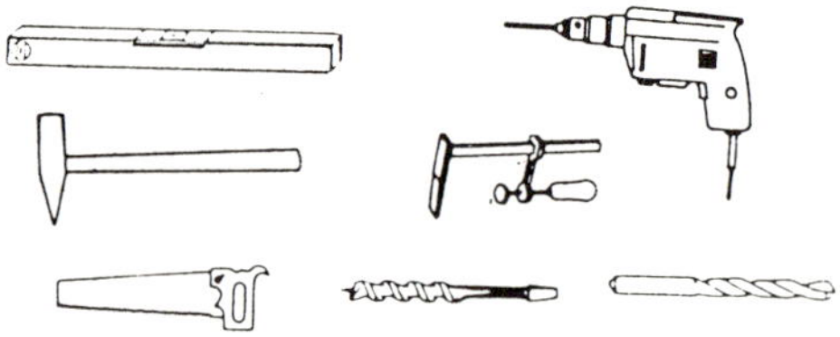

Schwierigkeitsgrad

Kraftaufwand

Arbeitszeit

Je nach Größe der Gaube und der Dachkonstruktion brauchen Sie einen Tag.

Ersparnis

Durch Ihre Eigenleistung können Sie bis zu 500 DM sparen.

Wer mit dem Dachausbau zugleich seine Wohnfläche vergrößern will, wird sich für Gauben entscheiden. Gauben schaffen gerade auch für kleinere Dachwohnräume erheblich mehr Bewegungsfreiheit. Ganz abgesehen davon, daß sie an tradiertes Wohngefühl anknüpfen. Oder anders gesagt: Mit Gauben bekommen Dachwohnungen den typischen Dachetagencharakter. Für attraktiven Dachwohnkomfort gibt es Standardversionen von Dachgauben in verschiedenen Größen – auch als Fertigteile. Dies sind meist nahtlos aus einem Stück gefertigte GFK-Sandwich-Formteile. Sie sind ca. 110 cm hoch und ca. 140 oder 200 cm breit.
Aufs Dach bringen Sie die kleinen Gauben per Hand. Die größeren Formate lassen sich beispielsweise über eine Leiter hochrutschen.

Arbeitsanleitung

1. Die Einbauhöhe ist so festzulegen, daß ausreichend Kopffreiheit gewährleistet ist. Nachdem das Dach entsprechend dem Gaubenmaß abgedeckt worden ist, werden oben und unten Wechsel zwischen die Dachsparren eingezogen, ebenso an den Seiten zur sicheren Auflage. Die Dämmung reicht stets bis an die Sparren heran.

2. Großformatige Gauben werden eingeschwebt und auf die Trauflatte gestellt. Richten Sie sie exakt aus und unterfüttern Sie gegebenenfalls.

3. Die Spezialbefestigungsklammern werden an den Wechseln und den Sparren verschraubt.

4. Dann montieren Sie die Alu-Regenrinnen. Dazu müssen die Dachlatten ausgeschnitten und unterfüttert werden.

5. Anschließend wird das Dach wieder eingedeckt und die Bleischürze mit dem Ausbeulhammer paßgenau angeformt.
Nun werden noch die Fensterflügel eingehängt und eventuell schließgenau ausgerichtet.

6. Und so kann Ihre Gaube dann von innen aussehen!

Ein wichtiger Hinweis zum Schluß: Beachten Sie die Statik des Daches und holen Sie vor dem Einbau des Wechsels zwischen den Sparren gegebenenfalls den Rat des Fachmannes ein!

4

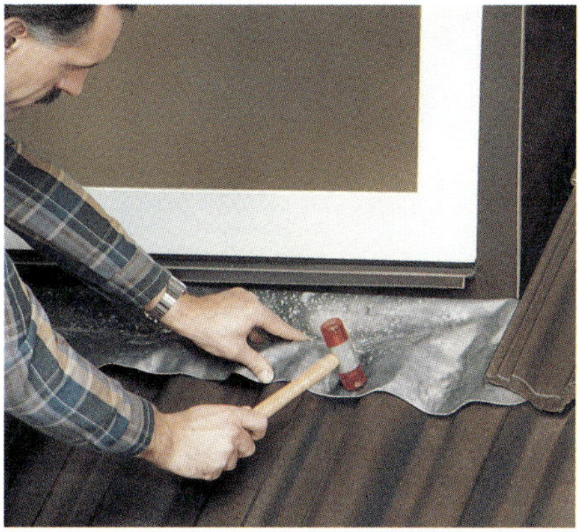

5

6

1

2

3

So errichten Sie Zwischenwände

Material

C- und U-Metallständerprofile, Sturzprofile, Teleskopkopfstücke, Fußplatten, Gipsbauplatten, Dämmstoffplatten, Papierfugendeckstreifen, Dichtungsbänder, Spachtelmasse und Schnellbauschrauben.

Werkzeug

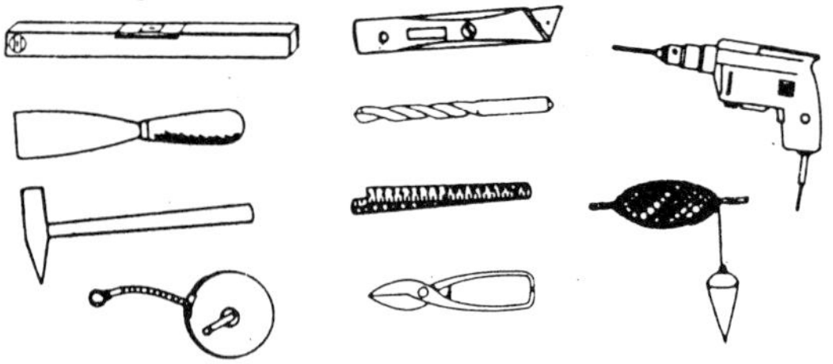

Schwierigkeitsgrad

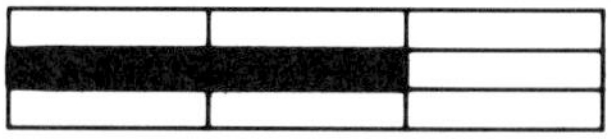

0 1 2 3

Kraftaufwand

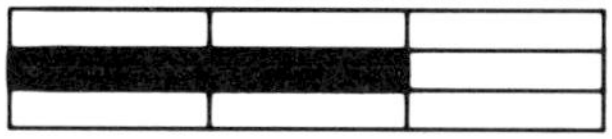

0 1 2 3

Arbeitszeit

Je nach Bauweise der Zwischenwand lassen sich pro Stunde 3 m² aufstellen.

Ersparnis

Je nach Bauweise können pro m² bis zu 13 DM gespart werden.

Die Montage einer Trennwand aus Gipskarton mit einer Metallunterkonstruktion erlaubt ein schnelles und stabiles Abtrennen von Räumen. Diese nichttragenden inneren Trennwände entsprechen der DIN 4103 bei Flächengewichten bis zu 150 kg/m². Sie werden nur durch ihr Eigengewicht beansprucht und dienen nicht der Gebäudeaussteifung.

Arbeitsanleitung

1. Bevor mit dem Aufstellen der Ständerelemente begonnen wird, muß als erstes auf dem Fußboden der zukünftige Wandverlauf angezeichnet werden. Dazu werden die Wandachsen und Türöffnungen mit dem Bandmaß ausgemessen und mit Schnurschlag auf dem Boden markiert. Die Türöffnungen müssen dem Bauöffnungsmaß entsprechen, also etwas größer als die künftige Türzarge sein. Für das Markieren von Türöffnungen und Wandabzweigungen gibt es Schablonen. Diese legt man auf den Schnurschlag und braucht die Umrisse nur noch nachzuziehen.

2. Die Wandachsen müssen noch vom Boden auf die Decke und die Wände übertragen werden. Dazu benutzt man ein Lot und eine Meßlatte. Für den Aufbau des Ständerwerks an Boden und Decke verwendet man U-Randprofile aus Metall, die es in verschiedenen Abmessungen gibt, je nachdem wie stark die Wand sein soll. Diese U-Schienen werden nach dem Abmessen der benötigten Profillängen mit Hilfe einer Blechschere oder Metallsäge gekürzt.

3. Die U-Profile, auch Anschlußprofile genannt, werden am Rohboden mit Dübeln (Durchmesser ca. 8 mm) und Schrauben befestigt.

4. Genau so müssen die U-Schienen an der Decke entlang des Schnurschlags angeschraubt werden, daß die Befestigungspunkte an Wand und Decke nicht weiter als 100 cm und im senkrechten Bereich nicht weiter als 130 cm auseinander liegen dürfen. Sparen Sie also nicht mit Schrauben.

5. In die Dachschräge muß zur Aufnahme des senkrechten Ständerwerks ein U-Profil eingebaut werden. Besonders wichtig sind dichte Anschlüsse für den Schallschutz. Dazu verwendet man bei ebenen An-

4

5

6

7

8

9

schlußflächen ein Dichtungsband oder einen Trennwandkitt. Beides wird auf die Rückseite der U-Profile in zwei Reihen aufgetragen, bevor diese an die Decke oder den Boden geschraubt werden.

6. An den Dachschrägen müssen die Profile besonders gut befestigt werden, weil es sich hierbei in der Regel um relativ unstabile Hohlwände oder Verkleidungen handelt.

7. Metallständerprofile mit C-Querschnitt sind besonders stabil. Sie werden in die an Decke und Boden montierten U-Profile einfach eingestellt. Die Profilöffnung zeigt in Montagerichtung. Der Abstand der C-Ständerprofile muß 62,5 cm betragen. Doppeltes Ständerwerk muß parallel nebeneinandergestellt werden, so daß die Metallständer einander gegenüberstehen. Dies ist besonders wichtig beim Einbau von Tragständern für Sanitärinstallationen.

8. Für den Bau von Türöffnungen benützt man spezielle vorgestanzte Sturzprofile, die nur zugeschnitten, abgewinkelt und angeschraubt werden müssen. Die Höhe des Sturzes entspricht dem Bauöffnungsmaß. Die Ständer links und rechts befestigt man mit einem Teleskop-Kopfstück an der Deckenschiene. Das ist die sicherste Befestigungsmethode. Zur Aussteifung und für die Montage der Verkleidung werden zwischen Decke und Sturz noch zwei weitere C-Ständerprofile eingestellt.

9. So sehen die fertigen Türausbildungen in einem Metallständerwerk aus. Sie sind für den Einbau von geteilten Türzargen geeignet.

Im Bereich des Türpfostens kann das U-Profil durch das Einbringen einer Fußplatte verstärkt werden. Nun ist das gesamte Ständerwerk fertig montiert und für eine Ihrem persönlichen Geschmack entsprechende Verkleidung bereit.

10. Zur Verkleidung von Metallständerwänden eignen sich besonders gut Bauplatten aus Gipskarton oder aus Gipsfaser. Diese Platten sind in raumhohen Formaten erhältlich, was den Einbau nicht nur erleichtert, sondern auch wesentlich beschleunigt. Wurden die Metallständerprofile im Abstand von 65 cm aufge-

stellt, dann werden die 125 cm breiten Gipsbauplatten auf Raumhöhe zugeschnitten, an die Ständerwand gestellt und mit Schnellbauschrauben befestigt. Sollen keramische Beläge angebracht werden, müssen die Ständerabstände auf 42 cm reduziert werden. Die Platten werden nun nacheinander aufgestellt, dichtgestoßen und angeschraubt. Verkleiden Sie immer nur eine Seite pro Ständerwand mit Gipsbauplatten.
Von der noch offenen Seite der Wand her können Sie jetzt die Elektroinstallation verlegen. Für die Querverteilung der elektrischen Leitungen sind die Ständerprofile schon vorbereitet. Sie haben kleine Ausstanzungen, durch die man Kabel führt. Es muß also nicht extra gebohrt oder gestemmt werden.
Um Hohlwanddosen zu setzen, verwendet man die Anreißschablonen der Steckdosenhersteller und eine Lochsäge. Ist die Elektroinstallation abgeschlossen, werden Mineralfaserplatten zur Schall- und Wärmedämmung zwischen die Ständer eingebracht.
11. Achten Sie darauf, daß auch die C-Profile mit Dämmstoff gefüllt sind. Die Dämmplatten werden erst ins C des Profils gesteckt und dann zwischen die Ständer gedrückt.
12. Ist die Dämmung im ganzen Bereich des Metallständerwerks auch über den Türen abgeschlossen, kann man die Wände abschließend mit Gipskarton verkleiden. Um eine fugenlose Wandoberfläche zu erreichen, müssen alle Plattenstöße und Schraubstellen verfugt und verspachtelt werden. Für diesen Zweck gibt es spezielle gipsartige Fugenfüller, die sich spielend leicht verspachteln lassen.
Als erstes verfüllen Sie die Fugen mit Spachtel und lassen sie trocknen. Dann wird nochmal sauber nachgearbeitet und schön glatt verspachtelt.
Stark beanspruchte Ecken und Kanten müssen mit einem Eckschutzprofil gegen Beschädigung gesichert werden. Entlang der Decken und Wände verklebt man Papierfugendeckstreifen, die anschließend auch verspachtelt werden. Nun können die neuen Wände ganz wie es Ihnen beliebt bemalt, tapeziert oder auch verputzt werden.

10

11

12

1

2

So setzen Sie eine neue Tür

Material

Fertigtür mit getrennter Zarge, Holzkeile, Leim, Montageschaum, je nach Türgröße mindestens 3 Spreizlatten.

Werkzeug

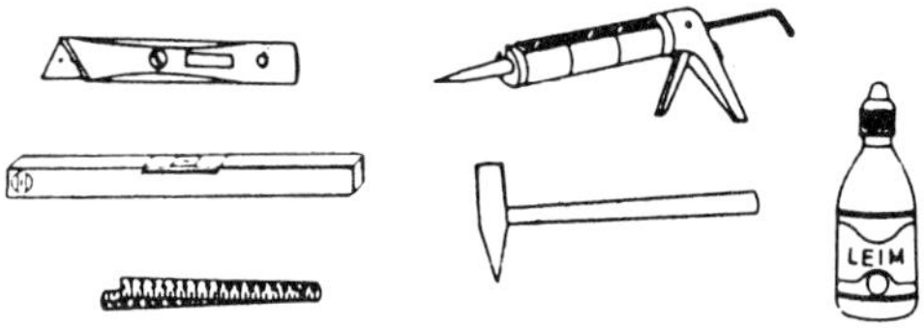

Schwierigkeitsgrad

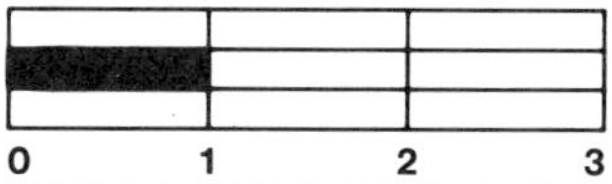

Kraftaufwand

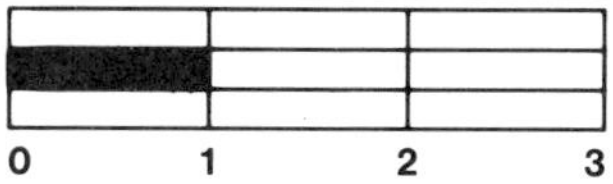

Arbeitszeit

Für den Einbau einer Türzarge müssen Sie zuzüglich Vorarbeiten mit 3 Stunden rechnen.

Ersparnis

Durch Eigenleistung können Sie pro Tür bis zu 130 DM sparen.

Fertigtüren mit Zargen (Türrahmen) aus Holz oder Metall sind in allen Norm- und Sondergrößen erhältlich. Mit Türblättern aus Massivholz, beschichteter Spanplatte, Sandwichelementen, aus Kunststoff und aus Metall. Mußte früher der Einbau der Türen den Maurern und Schreinern überlassen werden, so kann dies heute jeder im Selbstausbau machen – dank einer neuen Befestigungstechnik mit **Montageschaum.**

Arbeitsanleitung

Stellen Sie die vorbereitete Türzarge ohne Türblatt in die Maueröffnung. Der Abstand zwischen Zarge und Wand sollte nicht größer als 10–15 mm sein. Mit Hilfe der Wasserwaage wird die Zarge nun in die richtige Position gebracht und mit Keilen fixiert.

1. Ist alles im Lot, muß die Türzarge ausgespreizt werden, mindestens drei mal im Bereich der Türbänder und im Bereich des Türschlosses. Dazu nehmen Sie am besten Bretter oder kräftige Latten, längen diese entsprechend der Türbreite an und verkeilen sie anschließend.

Wichtig: Die Zarge nicht verformen!

Nun wird mit der Wasserwaage der richtige Sitz der Türzarge überprüft, anschließend können Sie mit dem Ausschäumen beginnen.

2. Entsprechend der Gebrauchsanweisung führen Sie die Spritzdüse im Bereich der Spreizen zwischen Wand und Zarge ein und füllen auf einer Länge von je 20 cm den Montageschaum ein. Füllen Sie nicht zuviel ein, denn er dehnt sich noch erheblich aus und entwickelt dabei großen Druck (dem die Spreizen ja entgegenwirken sollen).

3. Verfüllen Sie auch die beiden oberen Eckbereiche auf einer Länge von je 10 cm. Nun wird der gesamte Randbereich bis zu einer Tiefe von 5 cm verschäumt. Wenn der Abstand zwischen Tür und Zarge sehr groß war, muß der Zwischenraum sicher in mehreren Lagen ausgeschäumt werden. Jetzt werden die Spreizlatten aus dem Türrahmen genommen. Das Türblatt wird eingehängt und die Tür geschlossen.

4. Zum Abschluß muß nur noch die Zierverkleidung in die Nut der Zarge gesteckt bzw. eingeleimt werden.

3

4

1

2

3

So bauen Sie Falttüren ein

Material

Komplette Falttür mit Zubehör, Dübel und Schrauben.

Werkzeug

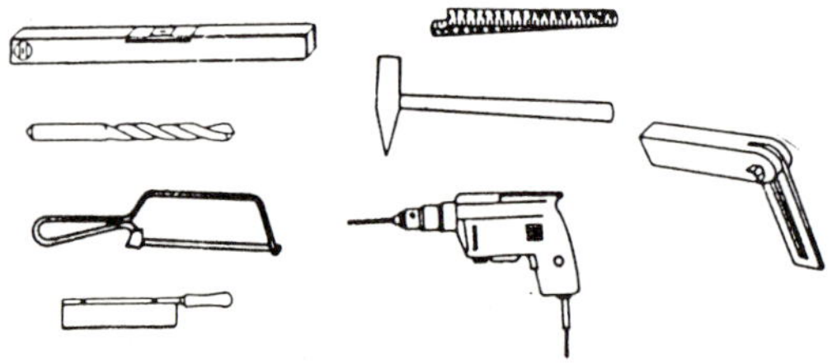

Schwierigkeitsgrad

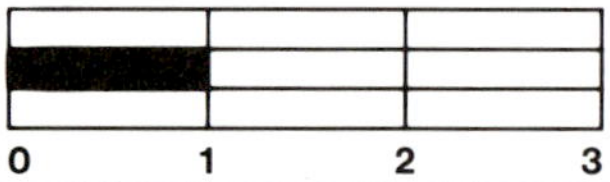

Kraftaufwand

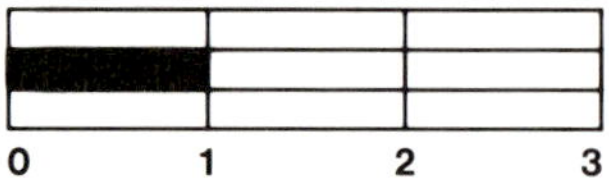

Arbeitszeit

Je nach Größe der Tür kann diese in etwa 4 Stunden vollständig eingebaut werden.

Ersparnis

Durch den Selbsteinbau sparen Sie bis zu 200 DM.

Falttüren gibt es in Normgrößen oder zentimetergenau passend als Maßfalttür, für Türöffnungen bis 600 cm Breite und 260 cm Höhe. Sie haben die Wahl zwischen Falttüren aus echtholzbeschichteten Paneelen und PVC-beschichtetem Holz mit den verschiedensten Oberflächen: Ledernarbung weiß und rot, Ziegenledernarbung, Holznachbildungen von Eiche, Limba, Nußbaum, Mahagoni etc. in verschiedenen Farbtönen.
Die Technik der Falttüren beruht meist auf einer am oberen Türende angebrachten Scherenmechanik. Für gleichmäßigen Faltenabstand sorgen Laufrollen in einer am oberen Türrahmen befestigten Metallschiene.
Falttüren haben sich seit vielen Jahren bewährt. Sie sind eine praktische und preisgünstige Lösung, um kleine Räume optisch zu vergrößern und große Räume zu unterteilen. Es empfiehlt sich, auf Markenprodukte zurückzugreifen.

Arbeitsanleitung

1. Sortieren Sie den Bausatz und stecken Sie die einzelnen Türelemente anleitungsgemäß zusammen.

2. Dann messen Sie die Türbreite aus und, falls erforderlich, kürzen Sie die Gleitschiene mit einer kleinen Metallsäge auf das nötige Türmaß. Ebenso wird mit der Falttürlänge verfahren: Türlänge abmessen und Faltelemente mit einer Säge entsprechend kürzen.

3. Nun kann die Gleitschiene oben im Türrahmen befestigt werden, indem man Dübel setzt und die Schiene mit den mitgelieferten Schrauben fixiert.

4. An der Seitenwand, an der die Falttür angeschlagen werden soll, befestigt man entlang einer senkrechten Linie die dafür vorgesehenen Kunststoffelemente im notwendigen Abstand.

5. Jetzt wird die Tür an der Anschlagseite einfach auf die Kunststoffelemente geklipst und befestigt.
Auf der anderen Türseite wird eine U-Gegenschiene lotrecht auf die Türlaibung geschraubt. Hier rastet die Tür beim Schließen ein. Schließlich wird noch der Schließdorn für das Schloß in die U-Gegenschiene eingeschraubt.

6. Die fertige Falttür ist raumsparend und zugleich als Raumteiler raumgestaltend.

4

5

6

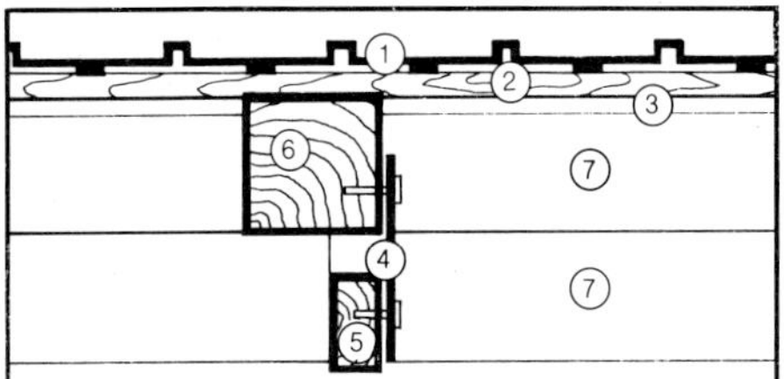

① Dacheindeckung
② Dachlattung
③ 2 cm Hinterlüftung
④ Flacheisen
⑤ Ausgleichslattung
⑥ Dachsparren
⑦ Rockwool-Dämmkeile 040 in 80 mm (zweilagig) Minimierung der Wärmebrücke

1

2

3

So dämmen Sie mit Dämmkeilen und Begleitsparren

Material

Ausgleichslattung 30 × 50 mm, vorgestanzte Flacheisen, Schrauben, Dämmstoffkeile, Alufolie, Aluklebestreifen.

Werkzeug

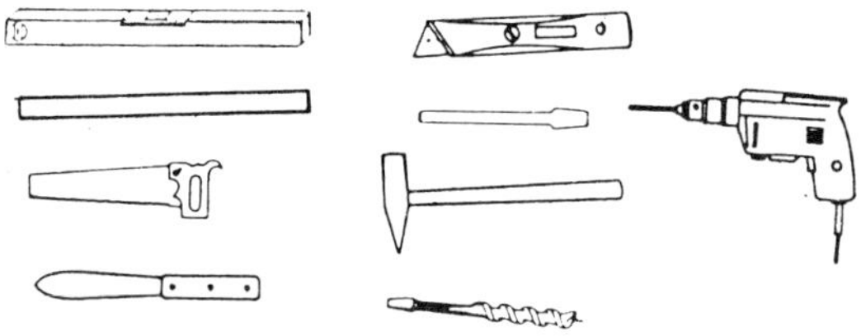

Schwierigkeitsgrad

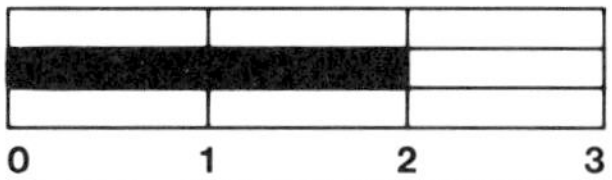

Kraftaufwand

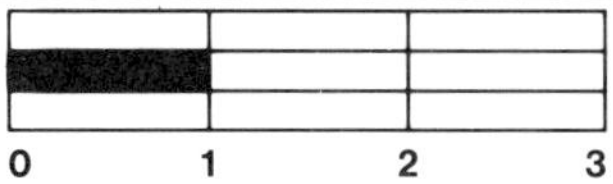

Arbeitszeit

Je nach Dachkonstruktion können Sie, inklusive der Vorarbeiten, bis zu 3 m² pro Stunde dämmen.

Ersparnis

Je nach Größe des Dachgeschoßes können Sie durch Ihre Eigenleistung bis zu 1500 DM sparen.

Arbeitsanleitung

Bei Dachstühlen mit Sparren von zu geringem Querschnitt für die beabsichtigte Dämmschicht ist es notwendig, zum Ausgleich eine besondere Begleitsparrenkonstruktion aufzubauen – und zwar von außen nach innen gesehen.

1. Die Dacheindeckung liegt auf der Dachlattung auf. Diese ist auf den Dachsparren in gleichen Abständen befestigt. Da diese Sparren nur einen Querschnitt von 10 × 10 cm aufweisen, wird eine Ausgleichslattung aufgedoppelt, um mehr Dämmstoffdicke zu ermöglichen. In gleichmäßigen Abständen zum Sparren werden mit vorgelochten Flacheisen Dachlatten an diesen befestigt – am besten festgeschraubt.

Wie der Querschnitt zeigt, bleibt unter der Dachlattung eine Hinterlüftung von 2 cm erhalten. Durch die Sonderkonstruktion können nun zwei Dämmschichten mit der benötigten Dicke zwischen den Dachsparren und der Ausgleichslattung verarbeitet werden.

2. Die Ausgleichslattung wird in regelmäßigen Abständen entlang den Dachsparren befestigt. Als Abstandshalter und fixe Verbindung dienen die gelochten Flacheisen. Ein etwas verzogener Sparren kann ausgeglichen werden, indem der Abstand zur Ausgleichslattung verändert wird.

3. Für die Dämmung zwischen unregelmäßig angeordneten Sparren eignen sich Dämmkeile am besten. Man braucht nur den Sparrenbestand auszumessen, zwei Keile aneinanderzulegen und so zu verschieben, bis die gewünschte Breite erreicht ist. Dann schneidet man die Spitzen der Dämmkeile ab, steckt beide zwischen die Dachsparren und verkeilt sie gegeneinander durch leichte Schläge auf ein Brett, das auf die Schnittfläche des oberen Keils gelegt wird.

4. Der Fußboden im Bereich der nicht begehbaren Dachschräge muß auch mit Dämmstoffmatten gedämmt werden.

5. Von einer Wandseite her beginnend, wird die erste Dämmstoffschicht zwischen die Sparren eingebracht und verkeilt. Wichtig ist, daß der 2 cm breite Spalt zwischen Dachlattung und Dämmstoffschicht zur Hinter-

4

5

6

7

8

9

lüftung erhalten bleibt. Dies muß bei jedem Dämmstoffkeil-Paar geprüft werden. Passen die Finger noch locker dazwischen, reicht der Abstand.

6. Bald ist die erste Dachraumseite vollständig mit der ersten Dämmstofflage isoliert. Prüfen Sie nun, ob kleine Fugen noch mit Dämmstoffstückchen abgedichtet werden müssen.

7. Jetzt wird der nächste Arbeitsgang – das Einbringen der Dämmschicht zwischen die Ausgleichslattung – von der selben Seite her begonnen wie zuvor. Bei dieser Arbeit ist darauf zu achten, daß die Isolierschicht aus Dämmkeilen exakt mit der Vorderkante der Ausgleichslattung abschließt.

8. Ist auch die zweite Dämmschicht perfekt eingebaut, wird als Dampfsperre eine 0,1 mm dicke Aluminiumfolie über die Dämmschicht getackert oder genagelt. Dazu wird die Alufolie abgelängt und an der Ausgleichslattung fixiert. Dann wird die nächste Folie aufgebracht. Arbeiten Sie immer waagerecht, bis alles abgedeckt ist.

9. Nun muß noch über die Stöße der Alufolienbahnen eine selbstklebende schmale Alufolie zur Abdichtung angebracht werden. Leicht andrücken, bis die Folie klebt und dichtet.

Paßgenaue Dämmstreifen isolieren auch zwischen Sparren und Fensteröffnung. Anschließend kann dann – wie bereits oben beschrieben – hier eine Alufolie angebracht werden.

Noch ein Tip: Verwenden Sie zur Befestigung der Ausgleichslattung mit Flacheisen am besten Schnellbauschrauben mit Kreuzschlitz und eine Bohrmaschine mit Schraubklingeneinsatz oder aber einen Elektroschrauber.

Mit diesem Werkzeug können Sie wirklich schnell und paßgenau arbeiten. Denn die Schnellbauschrauben mit ihren scharfen Spitzen dringen schnell ins Holz ein und greifen schon nach ein paar Umdrehungen. Am besten eignen sich Modelle mit regelbarer Geschwindigkeit sowie Links- und Rechtslauf. Das hat den Vorteil, falsch gesetzte Schrauben problemlos wieder herausdrehen und korrigieren zu können.

1

2

3

So verkleiden Sie Decken und Wände mit Gipsbauplatten

Material

Traglattung 30 × 50 mm, Schnellbauschrauben, Gipsbauplatten, Blechwinkel, Ansatz-Mörtelkleber, Fugenspachtel (Menge je nach Raumgröße).

Werkzeug

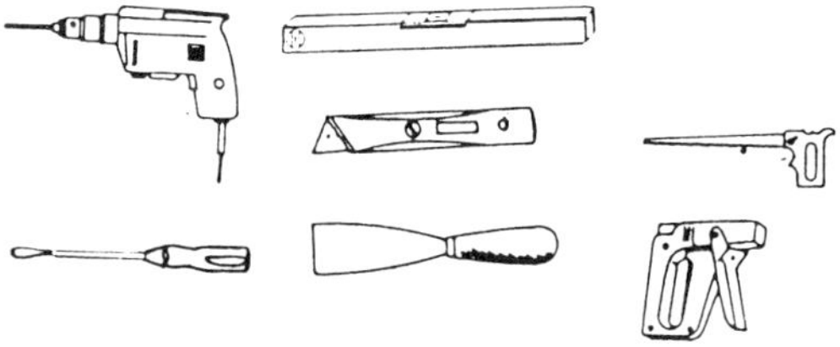

Schwierigkeitsgrad

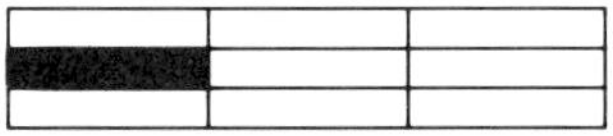
0 1 2 3

Kraftaufwand

0 1 2 3

Arbeitszeit

Je nach Umfang der Vorarbeiten können Sie bis zu 3 m^2 pro Stunde verkleiden.

Ersparnis

Durch Eigenleistung können Sie bei größeren Räumen bis zu 1200 DM sparen.

Ob im Dachgeschoß oder Keller – mit Bauplatten aus Gipskarton oder Gipsfaser ist der Innenausbau zügig, sauber, wärme- und schalldämmend ausführbar.

Arbeitsanleitung

1. Zwischen den Dachsparren werden aluminiumkaschierte Mineralfaser-Dämmstoffmatten angetackert. Die Stöße der Alu-Randleisten werden mit einem Aluklebeband abgedichtet.

Darüber wird als Tragekonstruktion für die Gipsbauplatten die sog. Tragelattung quer zu den Sparren aufgeschraubt. Der Abstand zwischen den Traglatten richtet sich sowohl nach den Herstellerangaben als auch nach der Breite der Gipsbauplatten.

2. Die Gipsplatten werden in der richtigen Position an die Lattung gedrückt und mit Gipsplattenschrauben an der Querlattung befestigt. Empfehlenswert ist für diese Arbeit eine Bohrmaschine mit Schraubereinsatz oder ein Bohrschrauber damit die Arbeit leichter von der Hand geht.

3. Die Platte wird an jeder Latte mehrfach verschraubt. Das verhindert, daß sich die Platte im Laufe der Zeit wölbt oder biegt.

4. Anschließend verkleiden Sie auch die Decke mit Gipsbauplatten. Zu zweit geht es wesentlich besser und leichter. Selbst bei der Verarbeitung von kleinen »Ein-Mann-Platten« ist es sehr angenehm, wenn jemand die Platte hält oder stützt, während der andere in Ruhe seine Schrauben setzen kann.

5. Zur Verkürzung der Dachschräge kann man eine Abseiten- oder Drempelwand unter die Dachschräge stellen. Das geht so: Man braucht dazu Vierkanthölzer wie zuvor für die Traglattung. Die senkrecht anzubringenden Latten, auch Anschlußhölzer genannt, werden abgelängt und mit dem Rohfußboden verschraubt. Bei Holzböden oder Spanplatten genügen Schrauben, bei Betonböden oder Betonestrich muß zusätzlich gedübelt werden.

6. Die entsprechend der Dachneigung am oberen Ende abgeschrägten Dachlatten werden fest mit der Traglattung der Dachschräge verschraubt. Notfalls kann man sich auch mit kleinen Blechwinkeln helfen.

4

5

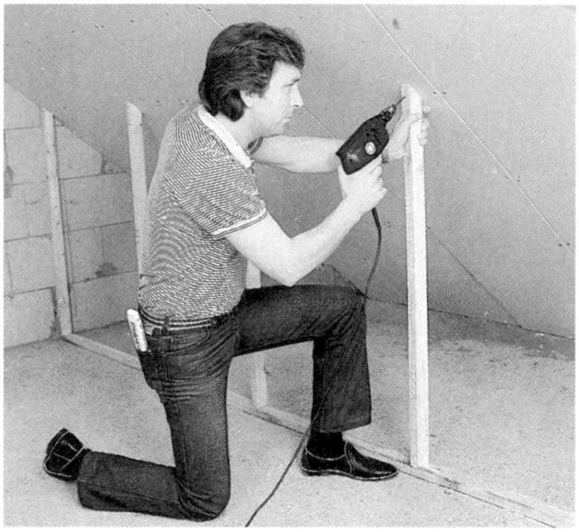

6

7

8

9

7. An diese senkrecht montierten Anschlußhölzer werden nun wieder durchgehende Querlatten geschraubt. Das Holzgerüst für die Verkleidung der Drempelwand ist fertig. Falls nötig, kann der Abseitenraum jetzt noch gedämmt werden.

8. Jetzt können Sie problemlos die entsprechend zugeschnittenen Gipsbauplatten aufschrauben. Im Bereich der Schräge, am Übergang von Abseitenwand zur Dachschräge, müssen die Platten mit einem scharfen Messer entsprechend der Dachneigung angepaßt werden, damit ein sauberer Abschluß zu den anderen Platten entsteht.

Zur Bekleidung der Giebelwände nimmt man am besten wärmedämmende, mit Styropor aufgedoppelte Gipsbauplatten. Diese Sandwich-Platten können ganz einfach mit einem Ansetzmörtel auf die Rohwand aus Ziegel oder Beton geklebt werden (ohne Abb.). Dazu legt man die Platten auf den Boden, mit der Dämmschicht nach oben. Entlang der Plattenkanten und in der Plattenmitte wird nun alle 20 cm mit der Kelle ein Batzen Klebemörtel aufgetragen. Dann wird die Platte aufgestellt, an der Wand ausgerichtet und angedrückt. Mit leichten Schlägen wird die Platte angepaßt, bis sie im »Wasser« ist.

9. Nach Fertigstellung der gesamten Plattenkleidung werden mit einer Universal-Spachtelmasse alle Plattenfugen und Schraubstellen verspachtelt. Anschließend kann grundiert, gestrichen, verputzt oder tapeziert werden.

10. Einer Einweihungsfeier steht nichts mehr im Wege.

Noch ein Tip: Gipskartonplatten zuschneiden ist ganz leicht. Als erstes zeichnet man sich den Schnitt auf der Platte vor. Dann wird die Platte entlang der Linie mit einem scharfen Messer eingeritzt. Sehr gut eignet sich dazu ein Teppichbodenmesser (oder Cuttermesser). Nun muß eine Latte unter die Platte entlang des Schnitts gelegt werden. Mit beiden Händen wird die Platte durch Andrücken gebrochen und abgeknickt. Der Karton auf der Rückseite wird durchgeschnitten. Wie einfach dieses Verfahren ist, zeigt sich beim Ablängen der nächsten Platte.

10

So gestalten Sie Wände und Decken mit Paneelen

1

2

3

Material
Dachlatten 30 × 50 mm, Paneele, Paneelekrallen, Nägel, Dämmstoffplatten.

Werkzeug

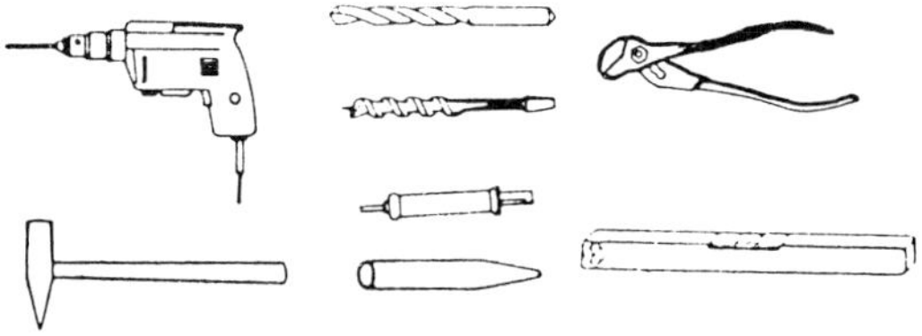

Schwierigkeitsgrad

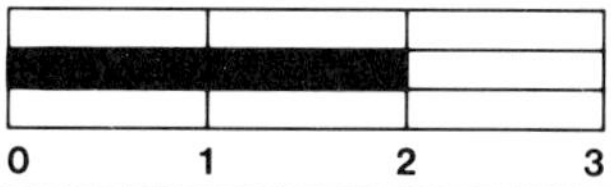

Kraftaufwand

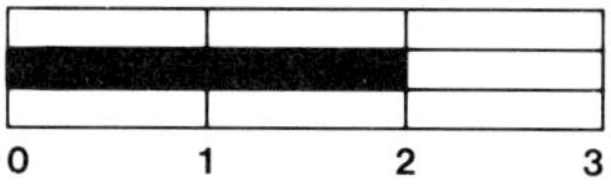

Arbeitszeit
Bei geringen Vorarbeiten sollten Sie pro m² mit 1 Stunde Arbeitszeit rechnen.

Ersparnis
Bei einem Wohnraum mit ca. 25 m² können Sie durch Ihre Eigenleistung etwa 700 DM sparen.

Es gibt eine Vielfalt von Möglichkeiten Wände und Decken mit Holz zu verschalen. Dieses Thema ist sehr komplex und wir verweisen in diesem Zusammenhang auf einen gesonderten Band der Reihe Compact Praxis „do it yourself": „Selbst Wände und Decken mit Holz verschalen".

Im vorliegenden Kapitel beschreiben wir eine Decken- und Wandverkleidung mit Paneelen inklusive Decken- und Wanddämmung.

Paneele gibt es in praktisch allen Holzarten, in Brettform oder als Kassette.

Arbeitsanleitung

Wenn Sie die Decke eines Raumes mit Paneelen verkleiden wollen, beginnen Sie mit dem Aufriß für die Unterkonstruktion. Empfehlenswert sind Dachlatten im Format 30 × 50 mm oder stärker.

1. Dann kleben Sie Dämmstoffstreifen zur Schalldämmung im Abstand von ca. 60 cm (abhängig von der Paneelart, im Zweifelsfall den Fachverkäufer fragen) entlang des Aufrisses an die Decke. Denken Sie daran, quer zur Laufrichtung der Paneele aufzureißen. Bohren Sie die Dachlatten im Abstand von ungefähr 50–60 cm je nach Schwere der Decke vor.

2. Bohren Sie die entsprechenden Dübellöcher mit mindestens 8 mm Durchmesser und schrauben Sie die Latten an die Decke.

3. Zwischen den einzelnen Latten werden Dämmstoffmatten eingebracht, die links und rechts auf den Trittschalldämmstreifen zum Aufliegen kommen.

4. Nun werden die Paneele abgelängt und mit speziellen Befestigungskrallen auf die Lattung genagelt. Als nützliche Hilfsmittel haben sich für das Über-Kopf-Nageln eine Nagelhilfe mit Magnethalter sowie die Paneelzange für die Ein-Mann-Arbeit erwiesen.

5. An der Wand gehen Sie genauso vor – auch wenn Sie eine leichte Zwischenwand aufstellen. Dämmstreifen und Lattung werden am Boden, an der Decke und den Wänden angebracht, die Dämmstoffplatten werden dazwischen gestellt und die Paneele befestigt.

6. So oder ähnlich wird sich dann auch Ihr ausgebautes Dachgeschoß präsentieren.

4

5

6

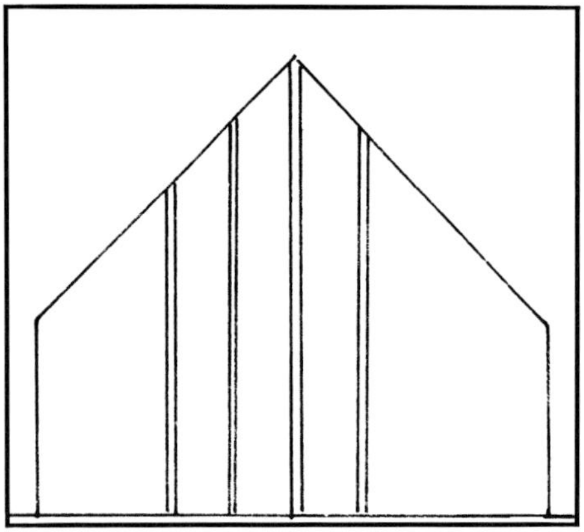

1

So wird ein Regal an die Giebelwand gebaut

Material

Regalbretter, Fachböden, Fachbodenträger, Blechwinkel, Dübel, Schrauben, Regaltüren, Auslenkscharniere.

Werkzeug

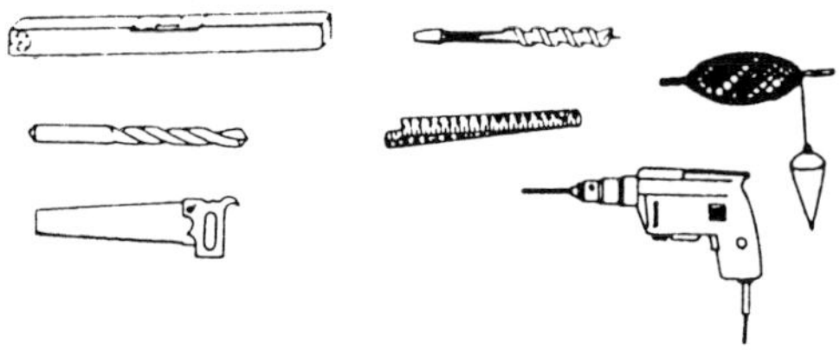

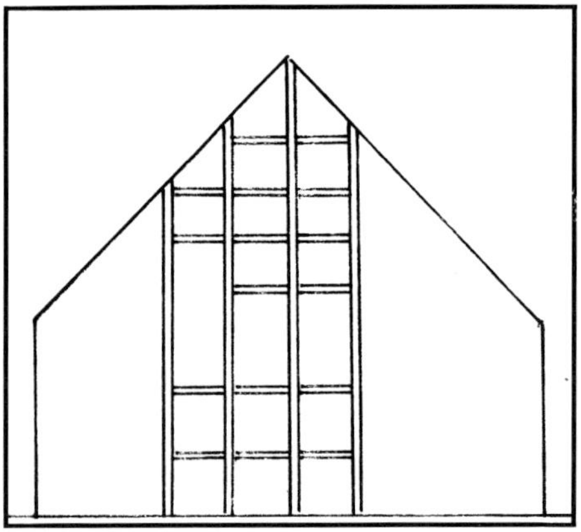

2

Schwierigkeitsgrad

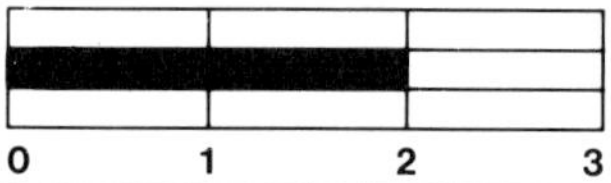

Kraftaufwand

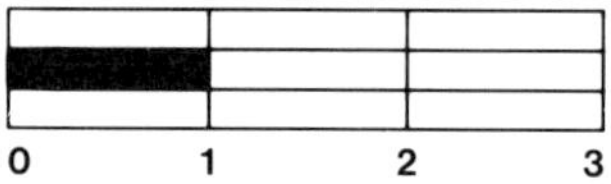

Arbeitszeit

Unser Regal können Sie in einem Tag montieren.

3

Ersparnis

Durch Eigenleistung sparen Sie beim Regalbau bis zu 500 DM.

Bietet sich die Möglichkeit, die Dachschrägen an einer Giebelwand für den Einbau eines Regals oder einer Regalwand zu nutzen, so gehen Sie beim Selbstbau folgendermaßen vor: Für die Errichtung eines zusammenhängenden dreiteiligen Regals benötigt man vier Ständer und die Seitenteile des Regals. Soll der Einbau bis zum höchsten Punkt des Raumes reichen und asymmetrisch, also außerhalb der Mitte angeordnet werden, dann fällt man als erstes das Lot vom höchsten Punkt des Raumes. Der Lotpunkt am Fußboden wird im rechten Winkel zur Wand verlängert. Auf dieser Linie steht später das längste Regalbrett. Eine senkrechte Linie wird auch an der Wand angezeichnet. Um je eine Fachbodenreihe versetzt zeichnet man die Hilfslinien für die anderen drei Ständer an. Dann wird die Länge der Bretter gemessen. Diese werden zugeschnitten, ebenso eine Anzahl von Regalböden.

Arbeitsanleitung

1. Mit Blechwinkeln werden, ausgehend vom längsten Brett, alle Ständer an den bezeichneten Stellen mit Schrauben befestigt. Soll das Regal variabel sein, bohrt man vor dem Einbau zwei Lochreihen im Abstand von 5–10 cm in Längsrichtung auf den Innenseiten der Ständer – von Vorder- und Hinterkante je 6 cm eingerückt (Bohrdurchmesser 5 mm).

2. Im gewünschten Abstand und in beliebiger Reihenfolge werden die Fachböden auf die eingesteckten Fachbodenträger gelegt.

3. Sollen Gläser, Geschirr und andere Dinge vor Staub geschützt werden, so braucht man nur Türen einzubauen. Dazu teilt man das Regal entsprechend ein, nimmt Maß für die Türen und baut diese mit Scharnieren ein. Besonders geeignet dafür sind Scharniere mit Auslenkung.

4. – 5. So praktisch und innenarchitektonisch gelungen können Regale in Dachschrägen sein.

Ein Tip: Solche hohen Regale muß man gegen Ausbauchen stabilisieren. Dazu verbindet man die Regalständer im Abstand von 150 cm quer miteinander durch Verschrauben der Fachböden und Ständer mittels Blechwinkel.

4

5

1

2

3

So bauen Sie ein Bad ein

Material
Metallständerwerk, Installationstragständer, Gipsbauplatten, Dämmstoffplatten, Schnellbauschrauben, Fugenspachtel, Fliesen, Sanitärelemente, Fliesenkleber, Schrauben, Dübel, Kleinteile.

Werkzeug

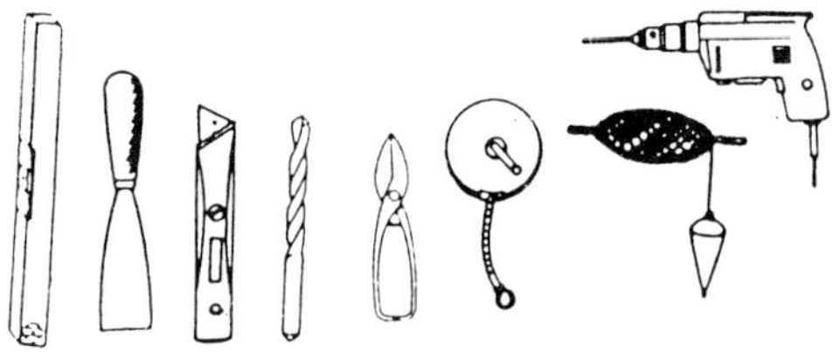

Schwierigkeitsgrad

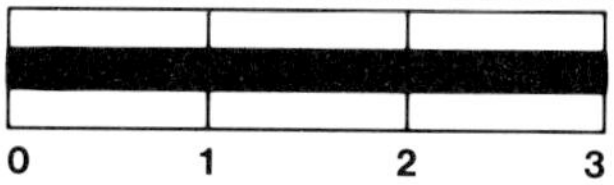

Kraftaufwand

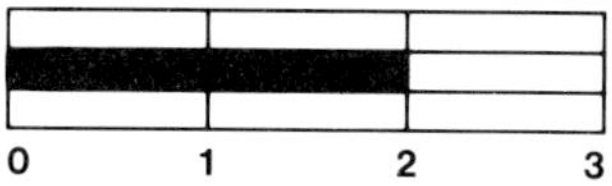

Arbeitszeit
Je nach Größe und Ausstattung des Bades müssen Sie mit ca. 1 Woche Arbeitszeit rechnen.

Ersparnis
Durch den Selbstausbau des Bades können Sie bis zu 2300 DM sparen.

Der nachträgliche Einbau eines Bades bereitet weniger Schwierigkeiten als man annehmen möchte, zumal wenn die Versorgungs- und Entsorgungsrohre schon bis in den vorgesehenen Raum gelegt sind. Ist noch keine Raumtrennung vorhanden, dann empfiehlt sich eine Metall- oder Holzständerwand. Vor allem Metallständerwände setzen sich im Innenausbau für den Sanitärbereich immer stärker durch. Schnelle, einfache und leichte Montage sind die Merkmale des Metallständerwandsystems, das außerdem den Anforderungen der Bauvorschriften entspricht. Mit Gipsbauplatten verkleidet und mit Mineralfaserplatten gedämmt, erreichen solche Wände sogar je nach Wandaufbau Feuerschutzwerte von F 30 bis F 90. Die Konstruktionen bestehen aus Stahlblechprofilen.

Arbeitsanleitung

1. Zunächst werden Fußboden, Wände und Decke gereinigt. Danach zeichnen Sie mittels Wasserwaage und Richtschnur den Verlauf der neuen Trennwand an.

2. Hier wird ein doppeltes Ständerwerk aufgestellt. Entsprechend den Herstellerangaben werden an Boden, Wand und Decke U-Profile befestigt und dann senkrecht C-Profile im Normabstand aufgestellt.

3. Dies dient der Aufnahme der Installationstragständer aus verzinktem Stahl für Spülkasten, WC, Bidet, Waschbecken etc.

4. Dann verschraubt man das doppelte Ständerwerk miteinander zur Stabilisierung, baut den Spülkasten ein, verlegt die Zuleitungen und schließt die Abflüsse an. Nun kann die Ständerwand auf der Badseite mit Gipsbauplatten geschlossen werden. Ist dies geschehen, werden die Dämmstoffplatten eingepaßt und eingebaut. Achten Sie auf sorgfältige Dämmung, das verhindert später etwaige Geräuschbelästigungen.

5. Jetzt kann auch die Rückwand mit Gipsbauplatten geschlossen werden. Fugen und Schrauben werden zugespachtelt, grundiert; dann kann schon verfliest, gestrichen oder tapeziert werden.

6. Nun werden die Sanitärelemente wie WC, Bidet, Spültisch etc. angeschraubt. Schließlich montieren und schließen Sie noch die Armaturen an.

4

5

6

1

2

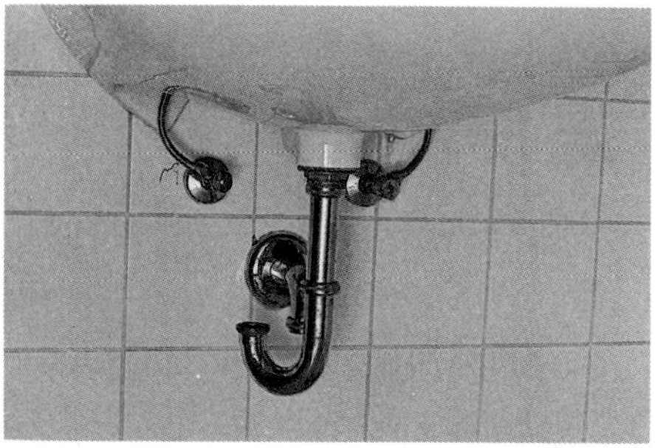

3

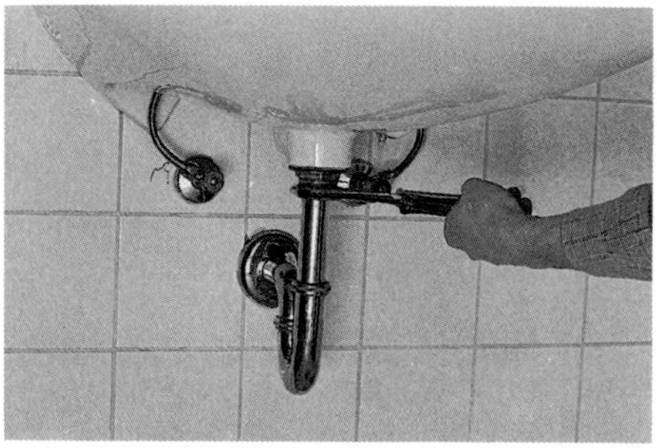

4

So schließen Sie ein Waschbecken an

Material
Waschtisch, Armaturen, Abflußrohrsatz, Dichtungen, Dübel, Schrauben.

Werkzeug

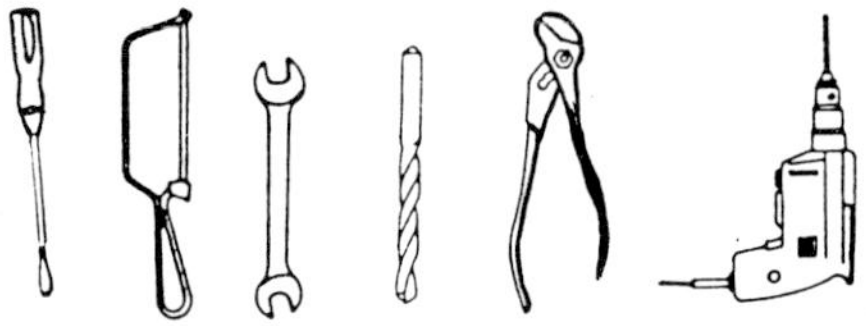

Schwierigkeitsgrad

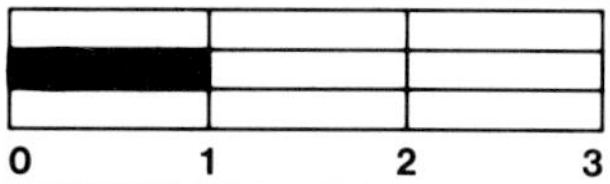

Kraftaufwand

Arbeitszeit
Wenn Sie die Vorarbeiten nicht mit einrechnen, können Sie das Waschbecken in 3 Stunden komplett anschließen.

Ersparnis
Durch Ihre Eigenleistung sparen Sie beim Waschtischanschluß bis zu 130 DM.

Ein Waschbecken im Bad selbst zu montieren ist keine besondere Schwierigkeit. Den Platz an der Wand für den Waschtisch haben Sie ja bei der Anordnung der Wasseranschlüsse schon berücksichtigt. Soll das Becken genau mittig über den Anschluß montiert werden, so fällen Sie mit der Wasserwaage zwischen den aus der Wand ragenden Eckventilen das Lot und zeichnen die senkrechte Linie abwaschbar an die Wand. In der berechneten Höhe für die Befestigungsbohrungen wird eine waagerechte Linie gezeichnet. Die Markierungen für die Befestigungsbohrungen werden links und rechts der Senkrechten im gleichen Abstand fixiert. Wenn Sie mit Dübeln befestigen, nehmen Sie am besten welche mit 14 mm Durchmesser. Bohren Sie die Löcher mit einem kleinen Bohrer von 6 mm Durchmesser vor und erweitern Sie mit einem 10-Millimeter-Bohrer. So vermeiden Sie das Abwandern des Bohrloches und ein Ausbrechen der Fliesen.

Arbeitsanleitung

Das Waschbecken kann jetzt mit den dafür vorgesehenen Dübeln, Schrauben und Kunststofftüllen – als Abstand zwischen Schraube und Keramik – montiert werden. Ziehen Sie die Schrauben vorsichtig an. Dann wird die Armatur eingesteckt.

1. Die Zuleitungen für Warm- und Kaltwasser werden abgelängt und in die Eckventile gesteckt. Nun werden die Quetschdichtungen mit einem Gabelschlüssel oder einer Zange vorsichtig angezogen.

2. Das Endstück des Ablaufsyphons wird in den Dichtungsring des Abflußrohres gesteckt.

3. Unter dem Waschtisch schrauben Sie den Ablaufsyphon an und richten ihn anschließend aus. Das Endstück muß gegebenenfalls gekürzt werden.

4. Die beiden Rohrstücke werden aneinandergefügt und mit der Hand zusammengeschraubt. Nun richten Sie sie endgültig aus und ziehen die Dichtungen mit der Zange behutsam an. Schließen Sie den Wasserhahn und öffnen Sie vorsichtig die Eckventile.

5.–6. Die Anschlüsse verschwinden vollkommen hinter Verkleidungen, die Ihrem Bad zudem eine ansprechende Gestaltung verleihen.

5

6

1

2

So bauen Sie eine Duschkabine ein

Material
Kompletter Duschkabinenbausatz, Dübel, Schrauben, Silikonmasse.

Werkzeug

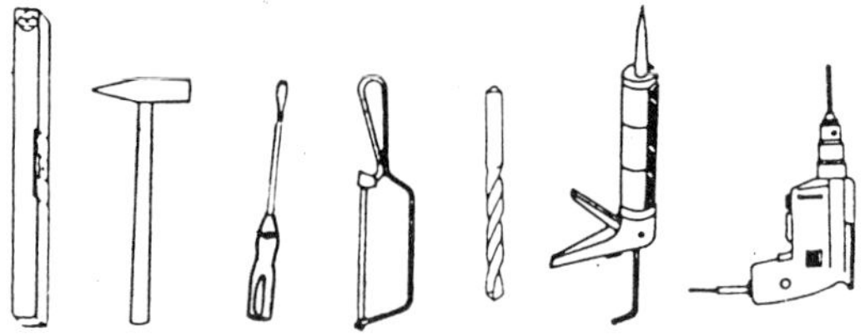

Schwierigkeitsgrad

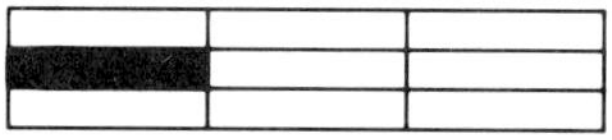

Kraftaufwand

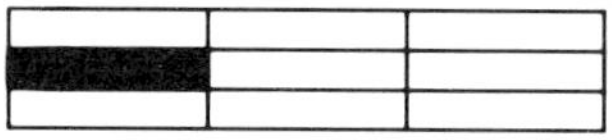

Arbeitszeit
Mit den Vorarbeiten sollten Sie für den Einbau ca. 4 Stunden veranschlagen.

Ersparnis
Durch Ihre Eigenleistung sparen Sie bei einer einfachen Duschkabine bis zu 200 DM.

Duschkabinen und Duschtrennwände bestehen meist aus korrosionsfreien, eloxierten Aluminiumprofilen und eingesetzten Kunststoffscheiben, die sehr pflegeleicht sind. Die Materialkombination gewährleistet eine sehr lange Lebensdauer verbunden mit geringem Reinigungsaufwand. Maßgenau angepaßte und gut abdichtende Rahmenkonstruktionen verhindern, daß Spritzwasser nach außen dringt und halten die Wärme in Körpernähe. Systemelemente ermöglichen den Einbau von Duschkabinen und Duschtrennwänden sogar in Dachschrägen.

Arbeitsanleitung

1. Als erstes wird der nach Maß gearbeitete Bausatz sortiert. Montieren Sie nun die einzelnen Elemente wie Türen und Seitenwand vor.

2. Dann wird der komplette Türrahmen an der Seitenwand angedübelt und angeschraubt. Er steht, durch eine Gummilippe abgedichtet, einfach auf der Brausetasse. Nun werden die Wandleisten zur Aufnahme der Seitenwand an der Mauer und der anschließenden Dachschräge befestigt.

3. Dann wird die Seitenwand – eine strukturierte Kunststoffscheibe – in die Wandleisten und die Sockelleiste gesteckt. Letztere wird mittels Eckverbinder an Türrahmenelement und Wandleiste angeschraubt. Ebenso wird die Kopfleiste am oberen Glasrand mit dem Türrahmen und der Dachschrägenleiste verbunden. Diese Verbindungen stabilisieren die gesamte Duschkabine.

Alle Dichtungen werden jetzt entlang der einzelnen Türelemente in die Nuten gesteckt.

4. Abschließend wird der Handtuchhalter an der Wandleiste und den Türrahmen angeschraubt. Falls notwendig oder erwünscht, kann man noch eine zusätzliche Abdichtung mit Silikon-Dichtfugenmasse vornehmen. Meist sind die vom Werk gelieferten Dichtelemente aber völlig ausreichend.

Ein ähnliches Abtrennungssystem wird auch für Badewannen angeboten. Übrigens gibt es Badewannenabtrennungen auch mit speziellen Seitenteilen für Dachschrägen, wie bei den Duschen.

3

4

So schließen Sie einen Kaminofen an

1

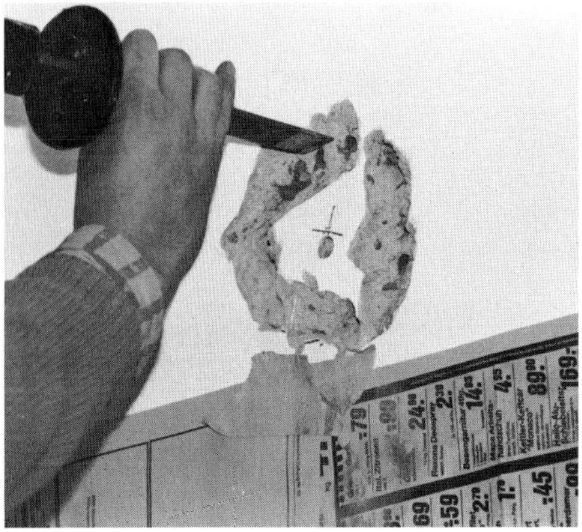
2

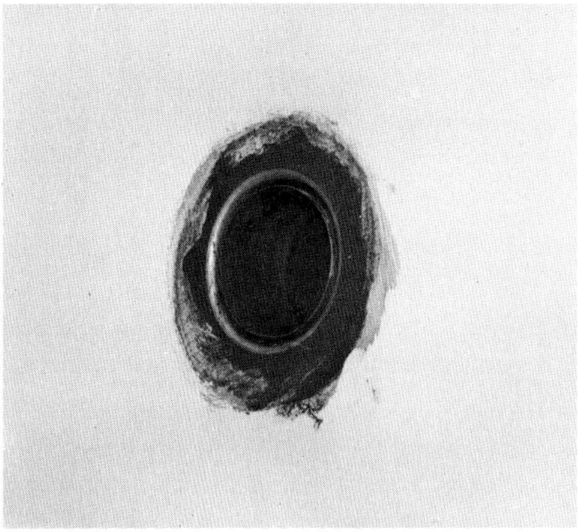
3

Material
Wandfutter (Kaminbuchse), Kaminofen, Ofenrohre, -bögen, Zementmörtel.

Werkzeug

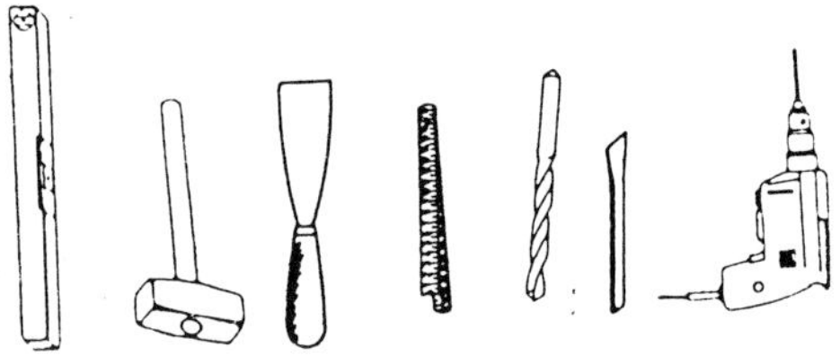

Schwierigkeitsgrad

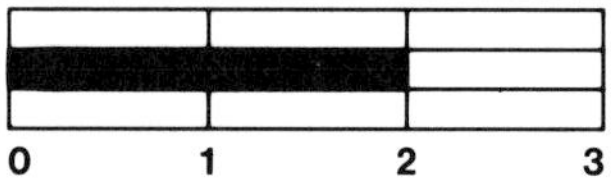

Kraftaufwand

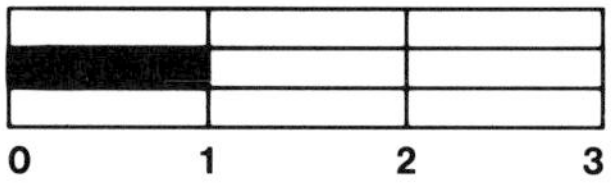

Arbeitszeit
Für den Einbau des Kaminfutters und den Ofenanschluß müssen Sie mit einer Arbeitszeit von 3 Stunden rechnen.

Ersparnis
Sie sparen durch Ihre Eigenleistung bis zu 200 DM.

Unter Kaminöfen versteht man eine Kombination aus Kamin und Ofen, die beide Funktionen vereint. Fast alle Modelle sind als reine Holzbrandöfen ausgelegt.
Grundsätzlich unterscheidet man zwei Bautypen: Kaminöfen mit Sichtfenster, die nur geschlossen betrieben werden dürfen, und solche, deren Feuerraumtür geöffnet bleiben kann. Dadurch erhält man praktisch einen offenen Kamin; dazu bedarf es aber meist auch eines eigenen Kaminzuges.
Nach Rücksprache mit dem zuständigen Kaminkehrermeister und nach dessen Genehmigung kann der Kaminofen aufgestellt werden.

Arbeitsanleitung

1.–2. Der Fachmann bohrt in der Größe der einzusetzenden Anschlußbuchse kreisförmig Löcher bis in das Rauchrohr. Dann stemmt er vorsichtig die Öffnung aus.

3. Anschließend kann die Ofenrohrbuchse eingemauert werden.

4. Steht der Kaminofen schon auf seinem Platz, wird nur noch das Ofenrohr bis zur Kaminöffnung geführt und eingesteckt. Ofenrohre gibt es in allen Längen, auch als Bögen mit verschiedenen Krümmungen.
Der Kaminofen ist fertig angeschlossen und kann sofort beheizt werden.

4

1

2

3

So bauen Sie Ihre Sauna selbst auf

Material

Ein kompletter Saunabausatz, elektrische Zuleitung, Schrauben, Dübel.

Werkzeug

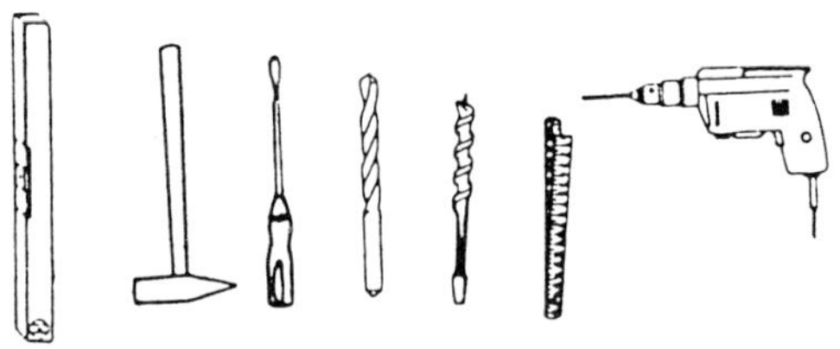

Schwierigkeitsgrad

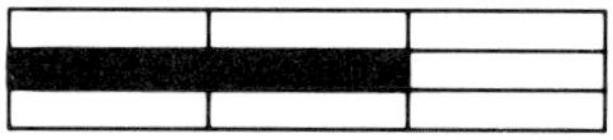

Kraftaufwand

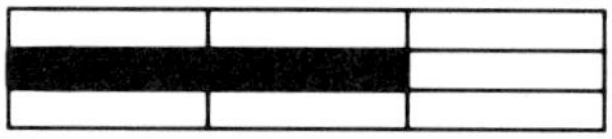

Arbeitszeit

Die vorgestellte Sauna können Sie in ca. 7 Stunden aufbauen.

Ersparnis

Sie sparen durch Ihre Eigenleistung bei einer mittleren Sauna bis zu 400 DM.

Das Wort Sauna stammt aus Finnland. Eine finnische Erfindung ist die Sauna allerdings nicht. Warmluftbäder gibt es schon seit Jahrhunderten. Bis zum Mittelalter waren sie auch in Deutschland weitverbreitet. In Finnland überdauerte die Sauna die Jahrhunderte. Bei uns wurde sie vor einigen Jahrzehnten wieder entdeckt. Heute gibt es wahrscheinlich in Deutschland die meisten Saunen.

Das Saunabad zeichnet sich durch eine Wechselanwendung aus: in der Sauna wird der Körper trockener Heißluft ausgesetzt, anschließend außerhalb kalter Luft und eventuell kaltem Wasser, wobei das richtige Abkühlen genau so wichtig ist wie der Aufenthalt in der Sauna selbst. Regelmäßiges Saunen ist gesund. Es fördert den Kreislauf und steigert die Lebensfreude beträchtlich.

Doch erst einmal muß man sich ja die richtige Sauna für seine eigenen Bedürfnisse aussuchen. Sehr viele Typen in unterschiedlichen Größen werden auch als Fertigbausatz angeboten.

Vor dem Aufbau der Sauna muß am Saunaplatz der gewünschte Fußboden aus Keramik oder PVC fertig verlegt und auch schon belastbar sein. Dann erst kann es mit dem Aufbau losgehen.

Arbeitsanleitung

Zunächst wird der Bausatz auf seine Vollständigkeit hin überprüft. Dazu nimmt man die Lieferliste und kontrolliert, ob die gelieferte Ware auch mit der Beschreibung übereinstimmt. Sind alle Teile bis hin zu den Befestigungsschrauben vorhanden, nimmt man die Aufbauanleitung zur Hand und geht folgendermaßen vor:

1. Man nimmt den schwarz gestrichenen Sockelrahmen und steckt die zu Nut und Feder geformten Endstücke ineinander. Mit wenigen Schrauben werden die Eckverbindungen gegen Auseinandergleiten gesichert. Der Sockelrahmen wird auf seinen endgültigen Platz geschoben und mit dem Boden verschraubt.

2. Aus dem Bausatz werden die zwei rückwärtigen Eckelemente herausgesucht und zusammengesteckt. Alle Wandelemente werden untereinander sowie in den Ecken in Nut und Feder verbunden, wobei eine

4

5

6

7

8

9

zusätzliche Profildichtung eingelegt wird. Mit ein paar Schrauben wird die Eckverbindung fixiert.

3. Die aus zwei Elementen bestehende Ecke wird in den Sockelrahmen gesteckt. Gehalten wird sie von einer Nut-Feder-Verbindung.

4. Steht die Ecke, kann das nächste Wandelement schon angebaut werden. An dieses Element, das bis zur linken Ecke reicht, wird wieder ein Eckverbindungsprofil aus Kantholz gesteckt und verschraubt. Die nächste Wandseite wird nach dem gleichen Prinzip montiert.

5. Bald kann der massive und sehr stabile Türrahmen in die Nuten von Seitenwand und Sockelleiste eingefügt werden.

6. Anschließend wird das letzte Wandelement eingepaßt und mit Rahmen und Eckelement sicher verschraubt. Die Raumeinfassung steht; es fehlen allerdings noch die Deckenelemente.

7. Diese Deckenelemente sind genau wie die Wandelemente konstruiert. Sie bestehen aus einem massiven, beidseitig mit Profilbrettern bedeckten Kantholzrahmen. Die Profilbretter sind im Doppelnutsystem mit einer sehr breiten eingelegten Feder verbunden. Darunter befinden sich die Dampfsperre und das Dämmmaterial aus verrottungsfesten Mineralfasermatten.
Die Deckenelemente werden Stück für Stück in der richtigen Reihenfolge einfach oben auf die Ständerwände aufgelegt. Anschließend werden sie in die Nut-Feder-Verbindung geschoben, eingerastet und dann festgeschraubt.

8. Die Saunakabine ist fertig und durch die Würfelform sehr stabil in sich. Der Innenausbau kann beginnen. Als erstes werden die Auflager für die Liegen gemäß der Montageanleitung an die Innenwand geschraubt. Darauf werden die Saunaliegen mit der stabilen, verzapften und verleimten Kantholz-Unterkonstruktion gelegt.

9. Das Schutzgitter, um den Saunaofen herum, wird an der dafür vorgesehenen Stelle fest an die Wand geschraubt. Für so eine kleine Sauna reicht ein Ofen mit einer Anschlußleistung von 1500 Watt völlig aus.

Wichtig ist, daß durch doppelwandige Verkleidung die seitliche Wärmeabstrahlung stark abgeschirmt wird.

10. Sämtliche Schrauben sollten nun nochmals nachgezogen werden. Die Abdeckprofilbretter für die Kanthölzer an den Kabinenecken müssen dann noch angeschraubt werden.

11. Jetzt kann der Elektriker die Schalttafel mit der Ofensteuerung, den Ofen und die Beleuchtung anschließen. Die Schalttafeln müssen spritzwassergeschützt sein und einen dreipoligen Hauptschalter für den Saunaofen haben.

12. Funktioniert die elektrische Anlage, dann wird die Tür eingehängt. Sie hängt an drei Scharnieren und hat ein Türfenster mit einem doppelten Überschlag. Der Fensterrahmen besteht aus exotischem Limbaholz. Er ist verleimt und mit einer Schlitz- und Zapfenverbindung für die Aufnahme der Isolierglasscheibe versehen. Die Saunatür besteht aus einer besonders massiven Blockrahmenkonstruktion und erfüllt die Anforderungen für das RAL-Gütezeichen. Demgemäß läßt sie sich auf Druck von innen öffnen. Nun muß der Ofenschacht mit Steinen gefüllt werden. Schließlich hängen Sie noch das Thermometer, das Hygrometer und die Sanduhr auf. Die Fußbodenmatten sind schon ausgelegt. Aufgußkübel, Aufgußduftmittel und die Schöpfkelle stehen bereit. Dem ersten Saunagang steht also nichts mehr im Wege.

Noch ein wichtiger Hinweis! Nach den geltenden Vorschriften muß für die Elektro-Installation und den Elektroanschluß ein vom zuständigen E-Werk konzessionierter Elektro-Fachmann beauftragt werden!

Wenn die Schalttafel in eine freistehende Saunawand eingebaut wird, ist die Elektrozuleitung an der Raumdecke bis zur Mitte der Rückwand zu verlegen und an dieser Stelle um 3,50 m länger zu lassen. Andernfalls sind zusätzliche Installationsleitungen erforderlich. Dafür liefert der Hersteller genaue Unterlagen. Nullung, Erdung oder Fehlerschutzschalter müssen nach örtlicher bzw. VDE-Vorschrift angeschlossen werden. Nach den neuesten Vorschriften wird der Einbau eines Fehlerstromschutzschalters verlangt.

10

11

12

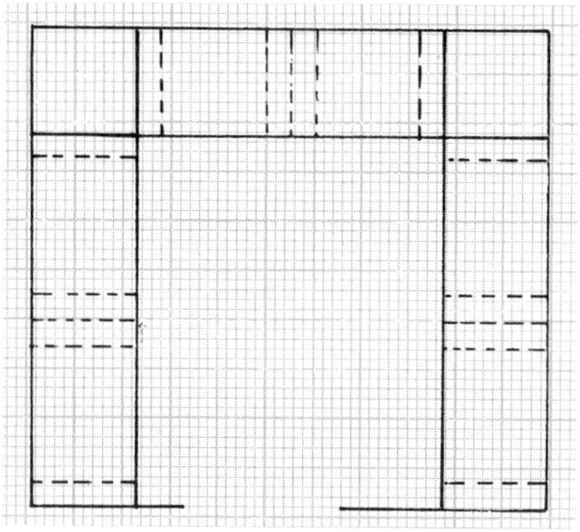

1

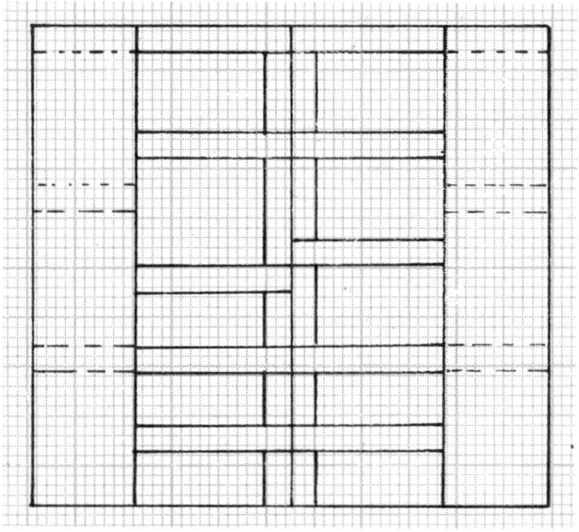

2

3

So richten Sie eine Speisekammer im Keller ein

Material

Gasbetonsteine, -mörtel, Fliesen, -kleber und -fugenmasse, Wandfarbe.

Werkzeug

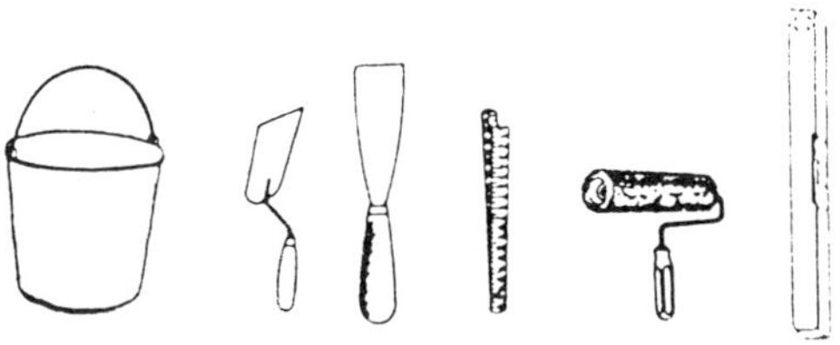

Schwierigkeitsgrad

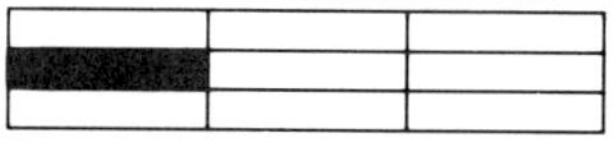

0 1 2 3

Kraftaufwand

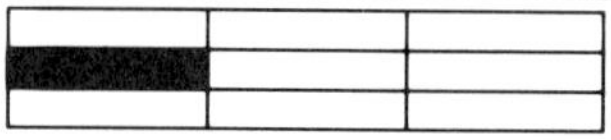

0 1 2 3

Arbeitszeit

Für den Einbau eines Regals müssen Sie mit einer Arbeitszeit von 5 Stunden rechnen.

Ersparnis

Sie sparen durch den Selbstaufbau mehrerer Regale bis zu 500 DM.

Wer die räumlichen Möglichkeiten hat, eine Speisekammer anzulegen, der sollte sie auch nutzen. Bietet doch ein abgeschlossener Raum die besten Bedingungen für die Lagerung von Speisen und Getränken – nicht zuletzt aufgrund der geringen Temperaturschwankungen des Raumes, die sich durch entsprechende Dämmung leicht erzielen lassen. Falls Sie sich entschieden haben, mit Gasbetonbaustein zu arbeiten, ist es ganz einfach.

Arbeitsanleitung

1. Ziehen Sie zunächst eine Zwischenwand ein und lassen Sie eine Türöffnung entsprechend den Türzargenmaßen frei (vgl. S. 84f.; siehe auch den Band »Selbst mauern, betonieren und verputzen« aus der Reihe Compact Praxis). Auf der vorliegenden Zeichnung sehen Sie die Mauerung von oben. Versuchen Sie, die Regalbreiten, die gängigen Maße der Planbauplatten und die räumlichen Gegebenheiten optimal aufeinander abzustimmen.

2. Nehmen Sie Planbausteine der entsprechenden Größe und mauern Sie Ihr Speisekammerregal auf. Setzen Sie immer zwei Ständer, und darauf mörteln Sie die Ablagen. Mit Gummihammer und Wasserwaage bringen Sie das Ganze ins Lot. So fahren Sie fort, bis die gewünschte Höhe erreicht ist.

3. Dann beginnt man, daneben das nächste Regal aufzumauern, Stück für Stück und Ablage für Ablage bis zur vorgegebenen Höhe.

Dann kehren Sie die Oberflächen mit einem Handbesen sauber ab; gegebenenfalls kann auch der Staubsauger benutzt werden.

Anschließend streichen Sie Raum und Regal weiß aus. Falls notwendig, wiederholen Sie den letzten Arbeitsgang, bis die feinen Poren des Gasbetonsteins völlig zugeschlämmt sind.

4. Es empfiehlt sich, die Ablageflächen der Regale zu verfliesen. Das bringt gleich zwei Vorteile mit sich: die Regale lassen sich leicht sauberhalten und die Stabilität wird erhöht.

5. Die Speisekammer ist fertig, die Lebensmittel sind verstaut.

4

5

1

2

3

So bauen Sie Ihren offenen Kamin selbst

Material

Kamineinsatz, Kaminrohre, Lüftungsgitter, Warmlufthaube, Zuluftkanal, Gasbetonsteine, Kaminsturz, Klinkerriemchen, Mörtel, Dämmstoff, Wandfutter, Holzlatten, Edelputz, Farbe.

Werkzeug

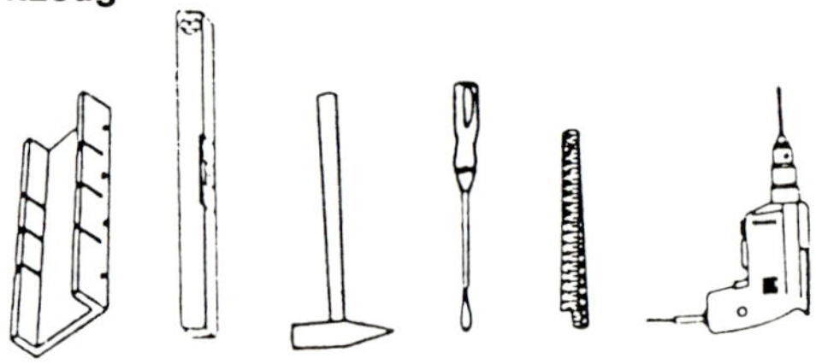

Schwierigkeitsgrad

Kraftaufwand

Arbeitszeit

Für den Einbau eines ummauerten offenen Kamins müssen Sie mit einer Arbeitszeit von 5 Tagen rechnen.

Ersparnis

Sie sparen durch Ihre Eigenleistung je nach Mauerarbeit bis zu 3000 DM.

Bevor Sie sich für einen eigenen Kamin entscheiden, empfiehlt sich grundsätzlich ein Gespräch mit dem zuständigen Bezirkskaminkehrermeister. Denn alle Feuerungsanlagen unterliegen sehr strengen Verordnungen und Sicherheitsbestimmungen. So müssen beispielsweise die vom Zentralinnungsverband des Schornsteinfegerhandwerks herausgegebenen »Richtlinien für den Bau von offenen Kaminen« eingehalten werden. Ihnen gemäß sind sämtliche Bauteile festgeschrieben. Ein offener Kamin, der den Richtlinien entspricht, ist eine komplizierte Heizanlage.

Zunächst prüft der Kaminkehrer vor Ort, ob die Voraussetzungen für den Einbau eines offenen Kamins gegeben sind. Notwendig ist vor allem ein freier Abzug, genügend Zuluft, Feuerschutz. Vor dem Erstellen eines gemauerten Kamins ist außerdem der Architekt oder ein Statiker zu befragen, ob der Fußboden überhaupt in der Lage ist, die Last eines gemauerten Kamins zu tragen. Unterschätzen Sie keinesfalls dieses Gesamtgewicht. Der schwere Gußeiseneinsatz, der Sockel, die Rohre, die Warmluftkammer, die Ummauerung ... es summiert sich eben.

Sind die Grundvoraussetzungen erfüllt, informiert man sich über das Angebot an offenen Kaminen. Sie arbeiten nämlich nicht nur nach dem reinen Strahlungsprinzip, sondern auch nach dem Konvektionsprinzip. Bei letzteren wird hinter dem Heizeinsatz, der aus Gußeisen oder Stahl besteht, die Luft erwärmt und dann über Heizkanäle und -schächte in den Raum geleitet. Dies kann auch ein Nebenraum oder ein Raum in der darüberliegenden Etage sein. Feuereinsätze gibt es aus Gußeisen, Stahlblech, Schamotte, Feuerbeton und Keramik. Diese Einsätze sind ja eigentlich schon der komplette offene Kamin. Wie man den Einsatz verkleidet, ist jedem selbst überlassen und Geschmackssache. Für die Verkleidung eignen sich Gasbetonsteine, Klinker, Schamottensteine, Beton und Natursteine, die auch verputzt und bemalt werden können. Hat man sich eingehend mit der Materie beschäftigt und beraten lassen, wählt man den geeigneten Kamineinsatz aus. Entsprechend der Bausatzanleitung berechnet

4

5

6

COMPACT PRAXIS
»do it yourself«

Jeder Band mit 120 Seiten, nur 19,80 DM

Anwenderfreundliche Komplettanleitungen für alle wichtigen Heimwerkerarbeiten – jeder Band mit über 300 Abbildungen

Übersichtliche Symbole für Schwierigkeitsgrad, Zeitaufwand, Ersparnis und Werkzeuge – moderne Profitechniken für jedermann

Züricher Straße 29
8000 München 71
Tel. 089/7591015
Telex: 17897125

compact verlag

man die für die Verkleidung benötigte Menge an Steinen, Mörtel, Material etc.

Arbeitsanleitung

1. Wird Frischluft aus dem darunter liegenden Raum zugeführt, dann werden die Sockelsteine entsprechend der Bauanleitung um diesen Kanal herum fixiert. Wichtig ist, daß die Zuluftmenge reguliert werden kann. Deshalb wird auf den Zuluftkanal eine Regelbuchse aufgesetzt. Dann werden die für die Druckverteilung auf den Steinen notwendigen Metallplatten dort auf dem Sockel ausgelegt, wo anschließend die Füße des Kamineinsatzes stehen werden.

2. Zur Isolation und Feuersicherheit werden hinter dem Kamin an der Wand Dämmstoffplatten aufgestellt. Dafür nimmt man stabile Mineralfaser-Dämmstoffplatten, die man mit Alufolie von 0,1 mm Stärke ummantelt und mit Nägeln an der Wand fixiert.

3. Der Kamineinsatz aus Gußeisen, wird jetzt so auf den vorbereiteten Platz gestellt, daß die Füße des Heizeinsatzes genau auf den Metallplatten stehen. Mit Wasserwaage und Zentimetermaß wird der Einsatz jetzt ausgerichtet. Falls nötig, werden die Metallplatten unter den Füßen mittig ausgerichtet.

Vorsicht! Den Einsatz nicht mehr verrücken!

Auf dem Gußeinsatz befindet sich oben der kuppelförmige Heizgassammler. Diese Rauchglocke wird mit ihrer Krümmung zur vorbereiteten Kaminbuchse hin ausgerichtet. Diese Buchse muß sorgfältig eingemauert sein. Auch von der Innenseite her muß die Maueröffnung zwischen Buchse und Kaminstein sauber mit Zementmörtel abgedichtet werden. Für diese Arbeit dürfen Sie keinen Gips verwenden, denn er zieht zu schnell an, wird brüchig und bröselt aus.

4. Die Rauchglocke wird mit der Kaminbuchse durch ein Rauchgasrohr verbunden. Muß dieses Rohr gekürzt werden, verwendet man dafür eine Metallsäge.

5. Der Heizkamin ist nun fertig angeschlossen. Die Konvektionsschächte für die Zuluft können gemauert werden. Mit Leichtbausteinen werden die dafür vorgesehenen regelbaren Luftöffnungen eingemauert und der Sockel von Wand zu Wand gebaut.

7

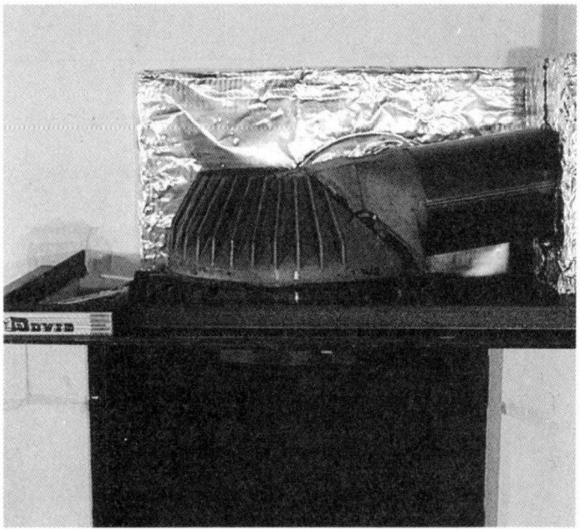

8

9

10

11

12

6. Jetzt kann man auch schon mal probeheizen, um zu sehen, wie gut der Kamin funktioniert. Wenn Türen und Fenster geschlossen werden, kann die Wirkung der Zuluftregelung und des Abgasreglers genau überprüft werden.

7. Danach mauern Sie zügig weiter. Mit den Gasbetonsteinen geht es wirklich schnell, da diese leicht zu verarbeiten sind. Der mitgelieferte Kaminsturz aus Stahlblech steht schon für den Einbau bereit.

8. Der Sturz wird einfach aufgelegt und soll mit dem Kamineinsatz und der Ummauerung bündig abschließen. Der Kaminsturz muß die Kaminumrandung über dem Gußeinsatz tragen.

9. Diese wird nun Stein für Stein aufgemauert. An der rechten Wandseite wird eine Nische gemauert. Als Sturz über der Nische verwenden wir wieder Gasbeton. Zwischendurch muß man immer wieder die Wasserwaage zur Hand nehmen. Notwendige kleine Korrekturen macht man mit dem Mörtelbett oder durch leichte Schläge mit einem Gummihammer. Vorsichtig schlagen, das Baumaterial ist spröde und bricht leicht.

10. Auf die obere Umrandung werden die Warmluftöffnungen gesetzt, ausgerichtet und ummauert. Hier tritt später während des Heizens die im Sockelbereich angesaugte Luft erhitzt wieder aus. Während des Aufsteigens zwischen Kamineinsatz und Ummauerung wird die Luft an der sehr heißen Rückseite des Gußeinsatzes erwärmt.

11. Den Abschluß des Heizbereiches bildet ein Dekkel, der die gemauerte Warmlufthaube über dem Einsatz nach oben hin abschließt.

12. Das weitere Aufmauern über der Warmlufthaube ist bald fertig, auch die Ablagen in der Nische auf der rechten Seite des offenen Kamins. Den Abschluß bildet nach oben hin ein gemauerter Rundbogen, der ausgezeichnet zur Holzbalkendecke des Raums paßt.

13. Falls erwünscht, können auch Verblendriemchen angemörtelt werden. Das geht einfach und paßgenau, wenn man die Riemchen an der Unterkante durch ein Brett unterstützt. Das verhindert ein Abgleiten der Riemchen aus dem noch frischen Mörtelklebebett.

14. Das Ganze ergibt eine exakte Unterkante. Rund um den Kamin wird diese Mauerhilfe aufgebaut und abgestützt. Mit Keilen erspart man sich genaues Ablängen der Stützhölzer.

15. Nun werden noch die waagerecht angeordneten Verblendriemchen ins Mörtelbett gelegt, ausgerichtet und nach dem Abbinden des Mörtels verfugt. Das gesamte Mauerwerk des offenen Kamins wird mit Zierputz beschichtet und mit Dispersionsfarbe gestrichen. Abschließend werden die Warmluft- und die Raumluftgitter in die eingemauerten Rahmen gesetzt.

Noch ein wichtiger Hinweis: Der Fußboden vor der Feuerstelle muß den gesetzlichen Feuerbestimmungen entsprechen; keinesfalls darf er brennbar sein. Ein paar Tage werden Sie noch warten müssen, bis der Mörtel ausgehärtet ist, dann steht den beschaulichen Zeiten am flackernden Feuer vor dem offenen Kamin nichts mehr im Wege!

Eine weitere sehr interessante Variante des offenen Kamins ist der gekachelte offene Kamin. Mit einem solchen Kamin erfüllen Sie sich die Romantik des offenen Feuers und haben zugleich die Vorteile des Kachelofens. Dies ermöglicht die Ummauerung des Kamineinsatzes mit Kacheln. Dabei wird die Strahlungswärme in den Kacheln gespeichert und wie beim Kachelofen langsam an den Raum abgegeben.

Auch den gekachelten offenen Kamin gibt es als Bausatz, der komplett vom Hersteller angeliefert wird. Der Aufbau erfolgt ähnlich wie beim oben beschriebenen offenen Kamin. Der Heizeinsatz wird auf den Sockel des Kamins gestellt und ausgerichtet. Dann werden die speziellen Massivkacheln mit einem mitgelieferten Spezialmörtel um den Heizeinsatz herum aufgemauert. Dadurch entsteht eine Warmluftkammer, die nach oben hin mit Stürzen belegt und mit Kacheln abgedeckt wird. Diese umgeben die Konvektionsöffnungen. Ein gekachelter offener Kamin wird natürlich genauso angeschlossen wie ein normaler offener Warmluftkamin. Es gelten auch die gleichen Sicherheitsvorschriften, die Sie im übrigen beim Kaminkehrermeister erfragen können.

13

14

15

Bildquellen-Nachweis

Die nachstehend in alphabetischer Reihenfolge aufgeführten Firmen haben Bildmaterial zur Verfügung gestellt. Die Zahlen in den Klammern nach den Seitenzahlen beziffern die Anzahl der überlassenen Abbildungen. Da die genannten Firmen damit zur Gestaltung dieses Buches beigetragen haben, möchte ich ihnen für diese freundliche Unterstützung danken.

Wenn Sie die Materialien dieser Firmen bei Ihrem Fachhändler oder Heimwerker-Markt nicht erhalten, können Sie sich auch direkt an sie wenden.

Arbeitsgemeinschaft Holz e. V., Füllenbachstraße 6, 4000 Düsseldorf 30, Tel.: 02 11 / 43 46 35-6: *17* (1), *36/37* (6), *96* (1), *99* (2)

Braas & Co. GmbH, Frankfurter Landstraße 2–4, 6370 Oberursel 1: *76/77* (6)

Deutsche Rockwool Mineralwoll-GmbH, Bottroper Straße 241, 4390 Gladbeck, Tel.: 0 20 43 / 40 80: *17* (1), *18* (2), *19* (3), *42* (3), *43* (2), *44* (3), *45* (2), *46* (2), *47* (2), *54/55* (6), *66/67* (5), *88/89* (6), *90* (2), *91* (1), *96/97* (5)

Dovre GmbH, Alfred-Nobel-Straße 2–14, 5020 Frechen: *114/115* (6), *117* (3), *118/119* (6)

Europäische Teppichgemeinschaft für Deutschland e. V., Domagkweg 8, 5600 Wuppertal 1: *107* (1)

FELS-WERKE Peine-Salzgitter GmbH, Postfach 14 60, 3380 Goslar: *21* (3)

H + S INTERNATIONAL GMBH, Postfach 370, 4242 Rees 3: *29* (4), *72/73* (6)

Hebel-Haus, Postfach 10, 8080 Emmering, Tel.: 0 81 41 / 9 82 02: *48* (3), *74/75* (6)

Hüppe GmbH, Postfach 14 51, 2903 Bad Zwischenhahn, Tel.: 0 44 03 / 6 70: *104/105* (6)

Kasberger Bauhaus, Haitzingerstraße, 8390 Passau: *6* (2), *7* (3), *8* (3), *9* (5), *10* (3), *12* (3), *13* (3), *14* (4), *15/16* (16), *17* (1), *18* (1), *19* (2), *20* (3), *22* (3), *23* (6), *24* (3), *26* (3), *27* (4), *28* (2), *32* (2), *33* (2), *38* (4), *39* (1), *43* (1)

KH Zentralheizanlagen, Im Heiligenfeld 17, 5840 Schwerte-Geisecke: *60/61* (6), *62* (3)

Klafs Saunabau GmbH & Co., Klafsstraße 1–3, 7170 Schwäbisch-Hall: *108/109* (6), *110/111* (6)

Lattner GmbH & Co. KG, Hauptstraße 99a, 8025 Unterhaching: *56/57* (8), *67* (1)

LUGATO CHEMIE DR. BÜCHTEMANN GmbH & Co., Postfach 70 11 40, 2000 Hamburg 70, Tel.: 0 40 / 6 94 01 91: *40/41* (8), *49* (3), *50/51* (6), *53* (4), *58/59* (8), *68/69* (8)

MARLEY WERKE GMBH, Postfach 11 40, 3050 Wunstorf 1, Tel.: 0 50 31 / 5 30: *86/87* (6)

Ostermann & Scheiwe, Hafenweg 31, 4400 Münster, Tel.: 02 51 / 69 21: *70/71* (6)

Perlite-Dämmstoff-GmbH & Co., Postfach 15 64, 4600 Dortmund 1: *63/64* (6), *65* (3)

POROTON GmbH, Holzstraße 136, 4630 Bochum 6, Tel.: 0 23 27 / 7 02 10: *6* (1), *7* (2)

Rigips GmbH, Postfach 12 29, 3452 Bodenwerder: *80/81* (6), *82/83* (6), *92/95* (10), *100/101* (5)

Röger GmbH, Sauna- und Solartechnik, Hardtstraße 41–45, 7170 Schwäbisch-Hall: *9* (1)

SAKRET Trockenbaustoffe GmbH & Co. KG, Friedrich-List-Straße 1, 6300 Gießen: *25* (3)

Schobesberger Günter, Schillerstraße 12, 8390 Passau: *76/77* (5), *84/85* (4), *98* (3), *101* (1), *102* (4), *103* (2), *106* (3)

Ströher GmbH, Postfach 17 62, Kasselerstraße 41, 6340 Dillenburg: *52* (3)

Wanit GmbH & Co. KG, Schloßstraße 30, 4690 Herne 2: *78/79* (6)

Ytong AG, Hornstraße 3, 8000 München 40, Tel.: 0 89 / 30 61 40: *7* (1), *112* (1), *113* (2)